가정과 자유학기 진로탐색 연계 교과 수업 자료집

교육부 · 한국직업능력개발원

Jinhan M&B

차 례

가정과 자유학기 진로탐색 연계 교과 수업 자료집

□ 프로그램의 개요

가정과는 실천교과로서 다양한 실천적 경험을 바탕으로 자신의 당면한 문제를 주도적으로 해결하고, 일과 직업에 대한 건전한 가치관을 형성하여 진로 설계를 포괄하는 생애를 설계하는 진로 개발 능력, 실천적 자기 관리 능력 등의 역량을 기르는 핵심 교과이다. 이에 교과와 연계한 진로 탐색 활동은 학생의 꿈과 끼를 키우고자 하는 교육 정책 측면에서는 물론 우리 교육이 추구하는 인간상이나 중학교의 교육 목표, 교과의 목표 측면에서도 매우 필요하고 중요한 활동이라고 볼 수 있다. 이 프로그램은 중학생들을 대상으로 교과와 진로체험활동을 연계하여 자유학기제의 기술·가정 교과 시간의 프로젝트 수업이나 체험 활동을 위해 활용할 수 있도록 개발하게 되었다.

위와 같은 목적을 달성하기 위하여 '세계 속의 한식 메뉴 개발자', '면(국수와 파스타) 요리 전문가', '꿈을 싣고 나는 양탄자(텍스타일 디자이너, 패션테크니컬 디자이너, 천연 염색가)', '캐릭터 디자이너와 외과 의사, 모자 뜨기로 시작하는 국제구호활동', '두런두런 함께 사는 행복 마을 만들기(건설 코디네이터, 마을 재생 사업가, 도시 설계사)'의 내용으로 프로그램을 구성하였다.

본 프로그램을 통하여 암기 위주의 지식 전달 수업을 체험 중심의 수업 형태로 변화하여 학생들이 더욱 배움을 즐길 수 있게 되고, 일상생활 속에서 발생할 수 있는 다양한 문제를 해결할 수 있는 '실천적 문제해결능력'과 주도적인 관점에서 자기 관리 및 생애를 설계할 수 있는 '생활 자립능력', 자신과 가족, 친구, 지역사회, 자원, 환경과의 건강한 상호작용과 관계를 형성·유지 할 수 있는 '관계 형성능력'을 향상시킬 수 있을 것이다. 또한 학생들이 진로 탐색 및 진로 체험 활동을 함으로써 일과 직업에 대한 건전한 가치관을 형성하고 진로를 개발할 수 있는 역량을 기를 수 있을 것으로 기대된다.

□ **프로그램의 구성**

연번	주제	수업 내용	주요 탐색 활동	적용 시기	차시[1]
1	세계 속의 한식 메뉴 개발자	Ⅱ. 청소년의 생활 1. 건강한 식생활과 식사 구성 *성취기준: 가9121-2. 영양 섭취 기준 등을 활용하여 자신의 식생활을 반성·평가하고, 균형 잡힌 식생활을 실천할 수 있다.	○한식의 특징 및 우수성 ○한식조리기능사 자격시험 메뉴 만들기 체험 ○세계인이 좋아하는 한식 메뉴 개발 # 직업(군): 한식메뉴개발자, 요리사, 외식업 창업자 등	1학년 2학기	4차시
2	면(국수와 파스타) 요리 전문가	Ⅱ. 청소년의 생활 1. 건강한 식생활과 식사 구성 *성취기준: 가9121-2. 영양 섭취 기준 등을 활용하여 자신의 식생활을 반성·평가하고, 균형 잡힌 식생활을 실천할 수 있다.	○국수와 파스타의 유래 ○국수와 파스타 조리와 상차림 ○우리 지역의 음식점 탐색과 지도 만들기 # 직업(군): 국수와 파스타 요리사, 프랜차이즈 전문점 CEO, 푸드스타일리스트, 여행 안내자 등	1학년 2학기	4차시
3	꿈을 싣고 나는 양탄자	Ⅱ. 청소년의 생활 2. 옷차림과 자기표현 *성취기준: 가9122-1. 옷의 개인적·사회적 의미를 알고 이에 따른 옷차림을 함으로써 긍정적인 자아 정체성을 형성할 수 있다.	○공예비엔날레 섬유예술품 ○천연섬유에서 실 만들기 ○내 꿈을 싣고 날아다니는 양탄자 만들기(직조) # 직업(군): 텍스타일 디자이너, 패션테크니컬디자이너, 천연염색가 등	1학년 2학기	4차시
4	캐릭터 디자이너와 외과 의사	Ⅱ. 청소년의 생활 2. 옷차림과 자기표현 *성취기준: 가9122-1. 옷의 개인적·사회적 의미를 알고 이에 따른 옷차림	○캐릭터 디자인 ○ '나의 친구, 패셔니스타 삭스돌!' 만들기 # 직업(군): 캐릭터 디자이너, 외과 의사 등	1학년 2학기	4차시

연번	주제	수업 내용	주요 탐색 활동	적용 시기	차시[1)]
		을 함으로써 긍정적인 자아 정체성을 형성할 수 있다.			
5	모자 뜨기로 시작하는 국제구호활동	Ⅱ. 청소년의 생활 2. 옷차림과 자기표현 *성취기준: 가9122-1. 옷의 개인적·사회적 의미를 알고 이에 따른 옷차림을 함으로써 긍정적인 자아 정체성을 형성할 수 있다.	○국제구호활동가란? ○털모자의 기능 ○생명을 살리는 모자 뜨기 # 직업(군): 국제기구직원, 국제구호활동가 등	1학년 2학기	4차시
6	두런두런 함께 사는 행복 마을 만들기	Ⅱ. 청소년의 생활 3. 주거와 거주환경 *성취기준: 가9123-2. 근린 생활환경의 의미를 알고 이웃과 더불어 살아가는 가치관을 형성할 수 있다.	○우리나라의 마을 재생사업 탐색 ○행복마을의 명암 ○취약지역의 마을을 살리는 방법 # 직업(군): 건설코디네이터, 빌딩정보 모델링 전문가, 마을 재생 사업가, 건축가, 사회복지사, 도시설계사 등	1학년 2학기	4차시

1) 1차시는 45분 기준임.

주제 [1]: 세계 속의 한식 메뉴 개발자

□ 교수 · 학습 체계

수업 흐름	주요 학습 및 활동 내용	수업 및 활동 형태	시간
도입	- 한식의 특징과 우수성 스토리텔링 - 세계로 뻗어나가는 한국 음식 소개 - 수업 목표 및 내용 제시 * <동영상 자료> 활용	명목집단기법 (NGT), 동영상 시청	20분
⬇			
한식조리사 자격과 시험 안내	- '한식조리사'에 필요한 자격과 시험 안내	강의	5분
⬇			
한식조리사 자격증 실기시험 메뉴 실습	- 죽 만드는 방법 안내 - 모둠별로 죽 만들기 실습 * <동영상 자료> 활용 * <학생용 활동자료 1> 활용	동영상 시청, 모둠별 활동	40분
⬇			
세계 속의 한식 메뉴 개발 및 제작	- 세계 속의 한식 메뉴 개발 시 고려사항 토의 - 세계 속의 한식 메뉴 개발 - 세계 속의 한식 메뉴 제작 * <동영상 자료> 활용 * <학생용 활동자료 2> 활용	토의, 동영상 시청, 모둠별 활동	85분
⬇			
만든 음식 소개와 시식	- 개발한 음식 소개와 시식 * <학생용 활동자료 2: 평가지> 활용	모둠별 활동	15분
⬇			
정리	- 한식 메뉴 개발 관련 직업 탐색 - 형성평가 실시	브레인스토밍, 동영상 시청	15분

□ 교수 · 학습 목표

○ 교과 목표

- 한국 음식으로 균형 잡힌 식사를 구성할 수 있다.
- 한국 음식을 세계인이 함께 즐길 수 있도록 만들 수 있다.

○ 진로역량 목표

- MⅠ 1.2 자신의 적성 및 흥미를 다양하게 탐색한다.
- MⅢ 2.2.1 직업체험을 통해 직업 정보를 수집할 수 있다.
- 세계인이 좋아하는 한식 메뉴 개발을 통해 문제 해결 능력과 창의력, 자원 관리 능력을 향상시킬 수 있다.

□ 관련 직업(군)

○ (1311)[2] 한식 주방장 및 조리사

한식 식당에서 국, 찌개, 국물요리, 찜, 조림, 무침 등의 다양한 한국 전통 음식을 조리한다. 한식조리사가 되려면 한식조리사 자격증을 취득해 두는 것이 좋다. '식품위생법' 에 따르면 병원, 학교, 정부 투자 기관 등 집단 급식소, 복어조리업, 120㎡ 이상인 식품접객업자는 조리사 자격증을 소지한 자를 채용하게 되어 있으며, 호텔을 비롯해 규모가 큰 음식점에서도 자격 소지자에 한해 조리사를 채용하는 경우가 많다. 또 호텔이나 레스토랑, 전문식당은 채용 시 응시자격을 전문대학 이상의 조리 관련 학과 졸업자로 제한할 때가 많으므로 해당 분야에 진출하기를 희망하면 관련 학과를 전공해야 한다.

○ 음식 메뉴 개발자

음식 메뉴 개발자는 패밀리 레스토랑, 호텔 레스토랑, 일반 프랜차이즈업체뿐 아니라 소규모로 창업하는 음식점에 이르기까지, 급변하는 사회인들의 입맛을 사로잡고 경쟁력을 확보하기 위해서 다양한 음식, 그리고 고객의 건강을 고려한 음식 메뉴를 개발하는 일을 한다. 일반적으로는 음식을 직접 만들며 개발 업무를 하는 음식 메뉴 개발자가 많지만, 규모가 큰 외식업체는 전문적으로 메뉴 개발을 하는 부서가 따로 있다.

---

2) (　　)는 한국고용직업분류(KECO) 중 세분류 수준의 직업명을 의미하는 기호임.

□ 준비물

○ 교사: 컴퓨터, 빔 프로젝터, 붙임쪽지(post-it), 마커 펜, 칼, 도마, 냄비, 프라이팬, 수저 등 한식 조리 기구, 쌀, 소금, 간장, 참기름 등 기본 식재료

○ 학생: 모둠별 한국 음식 재료

Tip: 죽이나 한국음식 만들기 기본 재료(쌀, 소금, 간장, 참기름)를 지원하거나, 학교 앞의 마트에서 모둠별로 제한된 금액 내에서 구매할 수 있게 하는 등 학교의 여건에 따라 학생 준비물이 달라질 수 있다.

□ 교수 · 학습 내용

도입(20분)

1. 한식의 특징과 우수성 이야기하기
   - 앞의 활동과 연결하여 동영상을 시청하고, '한식' 하면 떠오르는 단어를 개인별로 붙임쪽지 1장에 한 단어씩 적게 한다.
   - 모둠별로 붙임쪽지에 적힌 한식 이미지를 비슷한 내용끼리 묶어 칠판에 붙이고, 한식의 특징과 우수성을 찾아 이야기한다.

☞ 한식의 맛과 멋, 그리고 우수성 - 문화체육관광부(1분10초)

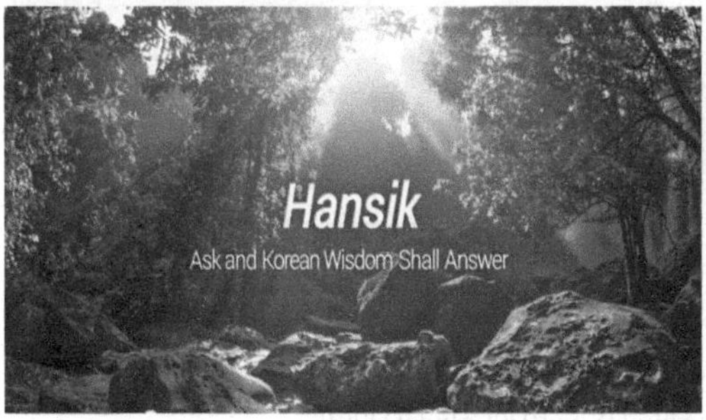
Hansik
Ask and Korean Wisdom Shall Answer

FERMENTATION
SCIENCE OF TIME

[영상 자료 소개] 2015 밀라노 엑스포 한국관에서 소개한 영상으로 주로 이미지 위주의 동영상이다.

자료: http://youtube.com/watch?v=za7R_Nvmoro

2. 세계로 뻗어나가는 한국 음식 소개하기

- 세계 여러 나라에서의 한식 열풍을 동영상을 통해 시청하고, 한국 음식 세계화의 현 주소를 확인한다.

☞ 성인병 '뚝'… 미국에서도 한식 열풍(1분 39초)

Korean cuisine
성인병 '뚝'… 한식 '굿'

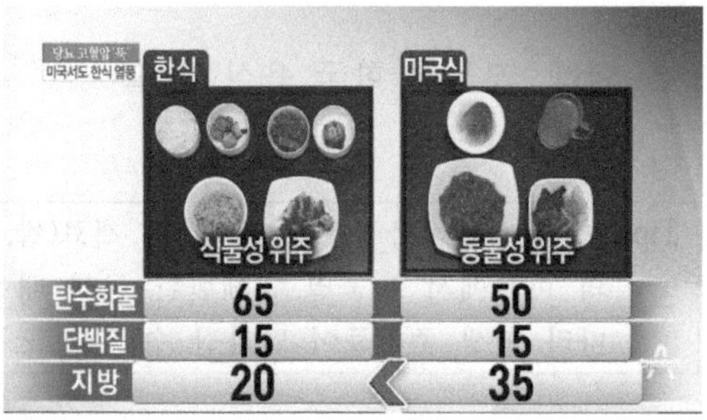
한식
미국식
식물성 위주
동물성 위주
탄수화물 65 50
단백질 15 15
지방 20 35

[영상 자료 소개]

미국 농업연구청과 국내 연구진이 4년간 한식 섭취에 대한 임상실험을 한 결과, 한식이 콜레스테롤과 혈당을 낮추는 효과가 있어서 미국 음식보다 한국음식을 먹는 것이 성인병을 억제하는 데 유리하다고, 한·미합동연구팀이 밝혔다.

맛뿐만 아니라 영양에서도 서양식보다 좋다는 점을 인정받기 시작한 한식. 이제 또 다른 새로운 한류를 이끌 문화상품으로 자리 잡을 전망이다.

자료: https://youtu.be/2Ea2Mb_SzIo

☞ 한식의 세계화 - 몽골, '최고의 건강식' 한식! - YTN(1분 56초)

몽골
'최고의 건강식' 한식!

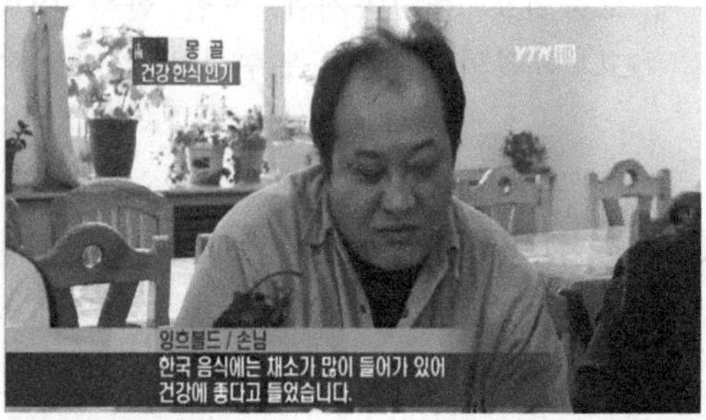
몽골
건강 한식 인기
잉흐볼드 / 손님
한국 음식에는 채소가 많이 들어가 있어
건강에 좋다고 들었습니다.

[영상 자료 소개]

고기 위주의 식단인 몽골에서 건강을 위해 채소 위주의 한식이 최고의 건강식으로 각광받는 몽골의 비빔밥 열풍에 대한 영상이다.

자료: https://youtu.be/jShz0_kUJKM?list=PLIykdnuv5yryEoUXhwRH0ErJpdofM3f4L

☞ 한식의 세계화 - 김치 메뉴, 일본 식당가 점령! - YTN(2분 8초)

일본
김치 넣은 신메뉴, 일본 식당가 점령!

일본
김치 신메뉴 인기
기다 다케시 / '기무라군' 창안자
[한국식 김치는] 오사카 사람들이 매우 사랑하는
음식입니다. 김치를 넣어 맛을 한 층 끌어올려서
새 메뉴를 만들 수 있었습니다.

[영상 자료 소개]
[리포터] 쫄깃하게 삶아진 우동 면 위에 매콤한 김치가 먹음직스럽게 올려집니다. 음식을 받은 손님이 김치와 고기를 면과 섞어 맛있게 먹습니다.
[인터뷰: 고객] "쫄깃한 우동 그리고 김치와 라유의 매운맛이 어우러져서 참 맛있습니다."
[리포터] 이 메뉴의 이름은 '기무라군' 우동.
한국식 김치와 고추기름인 '라유'가 들어가기 때문에 붙여진 이름입니다. 사람 이름을 연상케 하는 재치있는 이름이 사람들의 호기심을 자극해 인기몰이에 큰 역할을 하고 있습니다.

자료: https://youtu.be/DG32TuYaYUM?list=PLIykdnuv5yryEoUXhwRH0ErJpdofM3f4L

3. '세계 속의 한식 메뉴 개발자' 체험 안내하기
- 세계 속의 한식 열풍을 이끌어내는 한식 메뉴 개발자가 되어 한국 음식 조리와 메뉴 개발을 할 것임을 안내한다.

전개(145분)

1. 한식 조리사가 되기 위해 필요한 자격과 시험 안내하기
- 한식 조리사 자격증은 이론과 실기 시험에 합격해야 하며, 실기 시험 중에서 한 가지 메뉴를 실습함을 안내한다.

[한식 조리사 자격증 실기시험 메뉴]
- 밥, 죽류(비빔밥, 콩나물밥, 장국죽)
- 국수, 만두류(국수장국, 비빔국수, 칼국수, 만둣국)
- 탕, 찌개류(완자탕, 두부젓국찌개, 생선찌개, 쇠고기 전골, 두부전골)
- 찜, 선, 조림, 초류(돼지갈비찜, 닭찜, 북어찜, 달걀찜, 호박선, 오이선, 어선, 두부조림, 홍합초)
- 전, 적, 구이류(육원전, 생선전, 표고전, 풋고추전, 지짐누름적, 섭산적, 화양적, 너비아니구이, 제육구이, 북어구이, 생선양념구이, 더덕구이)
- 볶음류(오징어볶음)
- 밑반찬, 김치, 장아찌류(북어보푸라기, 오이소박이, 보쌈김치, 무숙장아찌, 오이숙장아찌)
- 생채, 냉채, 숙채류(무생채, 도라지생채, 더덕생채, 겨자채, 잡채, 탕평채, 칠절판)
- 회류(육회, 미나리강회)
- 떡, 한과, 화채류(화전, 매작과, 배숙)

[채점 항목]
- 위생복 착용 및 개인위생 상태
- 조리 순서 및 재료, 기구 등 취급 상태
- 정리·정돈 및 청소
- 조리 기술의 숙련도
- 작품의 맛과 빛깔, 담은 모양

2. 죽 만드는 방법 안내하기
- 동영상과 '학생용 활동자료 1'을 통해 한식조리기능사 실기 시험 메뉴 중에서 장국죽을 만드는 방법을 소개하면서 죽을 만들 때의 유의 사항을 안내한다.
  ☞ '학생용 활동자료 1'(붙임): 한식조리기능사 실기 메뉴: 장국죽 만들기

☞ 한식조리기능사- 장국죽 만들기(16분 50초)
(동영상은 미리 확인 한 후 편집하여 보여준다.)

한식조리
기능
한식
조리
기능사
장국죽 실기시험 조리시간 30분

자료: https://www.youtube.com/watch?v=ccjpoH8mXYg

3. 모둠별로 죽 만들기
- 모둠별로 시청한 동영상과 활동자료를 참고하여 죽을 만든다.
- 시식 후 만드는 과정에서 느낀 소감을 이야기한다.

4. 세계인과 함께 즐기는 한국 음식을 만들기 위해 고려할 점 토의하기
- 동영상을 시청한 후, 한식의 새로운 도전의 의미와 한식 메뉴 개발 시 고려할 점이 무엇인지 토의한다.

Tip: 동영상에서 '세계인과 함께 즐기는 한국 음식'을 개발하기 위해 고려할 점을 찾아야 함을 사전에 안내하여, 집중하여 시청할 수 있도록 지도한다.

☞ 한식의 새로운 도전- 삼성경제연구소(5분 48초)

오감유혹!
한식의 새로운 도전

자료: http://tvpot.daum.net/v/JOAlj9w2vGs%24

[영상 자료 소개]

한식의 세계화 방안으로 1. 간편하게(Casual), 2. 문화를 담아서(Culture), 3. 고객에 맞추어(Customize)야 함을 강조하면서 몇 가지 사례를 안내하고 있다.

5. 세계인이 함께 즐길 수 있는 한식 메뉴 개발하기

- 동영상을 시청하면서 한식 메뉴 개발의 어려움과 문제점을 이야기한다.
- 한식 메뉴를 개발할 때에는 수업 시간에 학습한 내용과 연계하여 균형 잡힌 식사가 될 수 있도록 영양의 균형을 고려하도록 한다.
- 모둠별로 세계인이 함께 즐길 수 있는 한국 음식을 조리할 수 있도록 계획을 세우고 역할 분담을 한다.

  ☞ '학생용 활동자료 2' (붙임): 우리는 한식 메뉴 개발자

☞ 한식세계화의 대표품목 떡볶이(8분 55초)

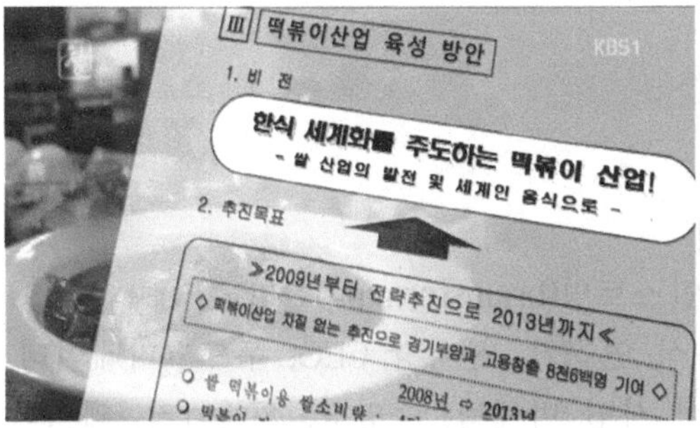
III 떡볶이산업 육성 방안
1. 비 전
한식 세계화를 주도하는 떡볶이 산업!
- 쌀 산업의 발전 및 세계인 음식으로 -
2. 추진목표
>2009년부터 전략추진으로 2013년까지≪
◇ 떡볶이산업 차질 없는 추진으로 경기부양과 고용창출 8천6백명 기여 ◇
○ 쌀 떡볶이용 쌀소비량 2008년 ⇨ 2013년

일단 일본 사람 열 명 중 여덟분은 거의 못 드셨어요, 매워서
유럽과 미국 같은 경우에는 쌀의 질감을 별로 안 좋아했어요

자료: https://www.youtube.com/watch?v=up0l1dyfNaQ

[영상 자료 소개]

한식의 세계화의 대표 품목으로 떡볶이가 선정됨에 따라 떡볶이연구소가 설립되고, 떡볶이 산업 육성방안이 발표되었다. 국내에서도 떡볶이 축제가 열렸다. 그러나 떡볶이의 해외 진출은 쉽지 않고, 왜 떡볶이가 한식의 대표주자가 되었느냐는 비판도 거세다.

Tip: 학생들의 수준을 고려하여 쉽게 재료를 구할 수 있고, 30분 정도에 조리할 수 있는 떡볶이나 비빔밥, 김밥 등으로 품목을 한정하여 운영하거나, 조리 시간만 제한한 상태에서 자유롭게 구상하게 할 수도 있다.

6. 세계인과 함께 즐기는 한국 음식 메뉴 만들기
- 모둠별로 제한된 시간 동안 기획한 한국음식을 만든다.
- 세계인과 함께 즐길 수 있도록 음식의 특성을 살려 메뉴판도 함께 제작하도록 한다.

7. 개발 음식 소개와 시식하기
- 모둠별로 완성된 음식을 시식할 수 있도록 상차림하고, 메뉴판을 모둠 앞에 잘 보도록 붙인다.
- 모둠별로 음식 평가단을 선정하여 각 모둠을 돌면서 메뉴판을 보고 음식을 맛보도록 한다.
- 음식 판정단을 제외한 모둠원들은 음식 평가단을 맞아 자신의 메뉴를 소개하고, 시식을 돕는다.
- '학생용 활동자료 2' 에서 우리 모둠 평가와 다른 모둠 평가를 하고, 소감을 작성한다.
  ☞ '학생용 활동자료 2' (붙임): 우리는 한식 메뉴 개발자

Tip: 홍보와 맛보기, 수업 평가를 시간을 분리하여 운영할 수 있다.

정리(15분)

1. 한식 메뉴 개발과 관련된 직업 알아보기
- 한식 메뉴 개발과 관련된 직업을 브레인스토밍(brainstorming)한다.
  예) 한식 조리사, 음식 메뉴 개발자, 음식 연구가, 한식당 CEO, 푸드코디네이터, 푸드스타일리스트, 외식사업가, 외식 사업 마케팅, 주방장, 홀매니저, 웨이터(waiter), 웨이트리스(waitress), 음식 비평가 등

Tip: 음식명 작명, 메뉴판 제작 등도 한국 음식과 관련될 수 있음을 인식하게 하고, 작은 역할이라도 자신의 장점과 소질을 찾아볼 수 있도록 존중하며, 타인을 배려하는 분위기 속에서 이야기를 나눌 수 있도록 한다.

2. 음식 메뉴 개발자 직업 소개하기

- '음식 메뉴 개발자' 직업에 대한 동영상을 시청한 후, 궁금한 점을 서로 묻고 답한다.

☞ [EBS 클립 뱅크] 맛을 그리는 사람들 - 메뉴 개발자(2분 29초)

[영상 자료 소개] 메뉴개발자들의 세계를 소개하고, 이제 막 이 직업 세계에 발을 디딘 메뉴개발자 초년병의 이야기를 소개하여 메뉴개발의 세계와 창조의 고통이 따르는 직업임을 알아볼 수 있는 자료이다.

자료: http://clipbank.ebs.co.kr/clip/selectClipDetailPop?inflowtype=11&clipUuid=047356fa-6e20-4816-9a9e-6a51282d066d

3. 형성평가 실시하기

□ 학생 평가

○ 평가 방식

- 한국음식 만들기의 전 과정에 대해 학생의 자기 평가와 교사의 관찰 평가를 실시한다.
- 한국음식 만들기의 전 과정을 통해 문제 해결 능력과 창의성, 자원 관리 능력을 평가한다.
- 개발한 음식이 맛이 있고, 또 영양상의 균형을 이루는지 평가한다.

○ 평가 기준

주요 역량	도달 기준
문제 해결 능력	- 한국음식 만들기에서 요구하는 사항을 반영하여 계획하고 실행하였다. - 완성된 한국 음식이 맛이 있고, 영양적으로도 균형이 잡혀있다.
창의성	- 개발한 한국 음식이 창의적이다. - 한국 음식 작명 및 메뉴판 개발이 창의적이다.
자원 관리 능력	- 재료 준비가 잘 이루어졌다. - 재료를 낭비 없이 잘 활용하였다.

□ 안전 · 유의 사항

- ○ 조리실에서는 뛰거나 장난치지 않는다.

- ○ 조리 시에는 뜨거운 조리 기구나 물에 손이 데지 않도록 유의한다.

- ○ 가스를 사용할 때에는 환기에 유의하고, 가스를 사용하지 않을 때에는 밸브를 잠근다.

- ○ 물 묻은 손으로 전기기구를 열원의 특성에 맞게 사용하여 안전사고가 발생하지 않도록 한다.

- ○ 칼을 사용할 때에는 손을 베지 않도록 조심해서 다루고, 사용 후에는 반드시 칼집이나 서랍에 넣어 안전하게 보관한다.

- ○ 식품을 선택하고 조리할 때에는 위생과 안전을 고려한다.

학생용 활동자료 1 | 한식조리기능사 실기 메뉴: 장국죽 만들기

○ 준비: 불린 쌀 120g, 쇠고기 20g, 불린 표고버섯 1개, 다진 파, 다진 마늘, 간장, 후추, 깨, 참기름

○ 만드는 방법

물기를 제거한 불린 쌀 반컵을
2~3등분으로 부순다

① 물기를 제거한 불린 쌀 1/2 컵을 작은 그릇에 담아 밀대나 방망이로 부순다. 이때 그릇 밑에 수건을 깔아 소리가 나지 않게 한다.

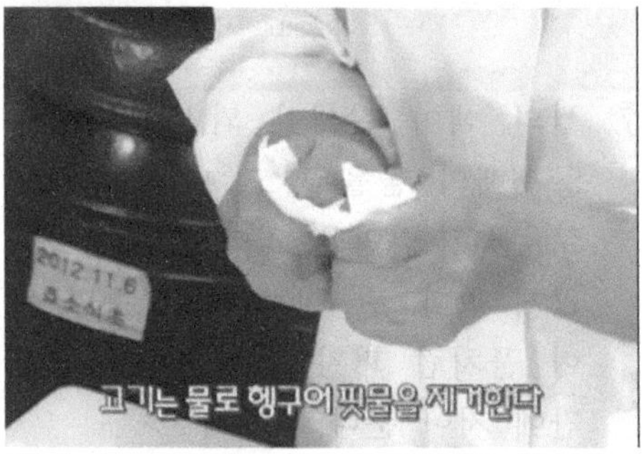
고기는 물로 헹구어 핏물을 제거한다

② 고기는 물로 헹구어 핏물을 제거한 후 얇게 다진다.

표고 버섯은 꼭지를 따고 얇게 포를 뜬 후
길이(3cm)에 맞게 채를 썬다

③ 표고버섯은 꼭지를 따고 얇게 포를 뜬 후, 약 3cm 길이로 채를 썬다.

간장, 후추, 깨, 참기름과
다진 파와 마늘로 고기 양념을 한다

④ 간장, 후추, 파, 참기름과 다진 파, 마늘로 고기와 버섯을 양념한다.

참기름을 두른 냄비에
양념된 고기와 버섯을 볶는다

⑤ 달구어진 냄비에 참기름을 두르고 양념된 고기와 버섯을 넣고 볶는다.

양념한 고기와 버섯이 익으면,
중약불에 쌀과 같이 볶는다

⑥ 양념한 고기와 버섯이 익으면, 중약불에 쌀과 같이 볶는다.

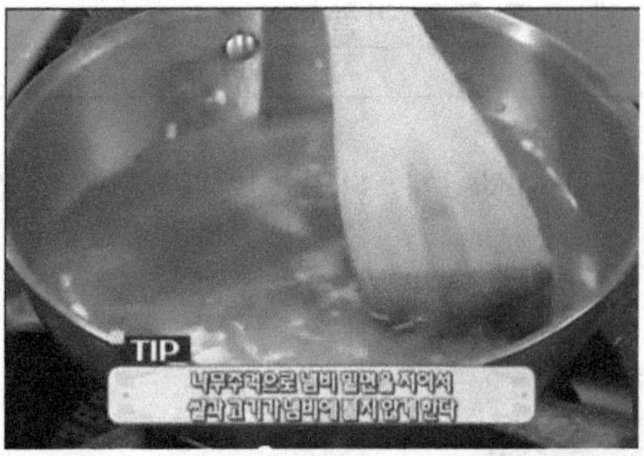
TIP
나무주걱으로 냄비 밑면을 저어서

죽을 흔들었을 때
쌀과 물이 평평하게 퍼져야 한다

⑦ 쌀의 색이 갈색이 되면 쌀 양의 5~6배의 물을 넣고 나무 주걱으로 냄비 밑면을 저어서 눌어붙지 않게 한다. 단, 계속 저어 주면 쌀이 풀처럼 퍼지기 때문에 중간중간에 저어 준다.

⑧ 물 양이 줄어들고 쌀이 투명해지면 중간 불로 줄인다. 마지막에 간장으로 색을 내고, 소금으로 간한 후 그릇에 담아낸다.

학생용 활동자료 2 | 우리는 한식 메뉴 개발자

학년　　반　모둠

메뉴명					
만드는 방법	☞ 세계인이 함께 즐기는 한국 음식 개발에서 유의해야 할 점은? (　　　　　　　　　　　　　　　　　　　　　) 출처:				
준비물					
역할 분담	이름(번호)	역　할			
우리 모둠 평가	항목		상	중	하
	· 재료 준비가 잘 이루어졌는가?				
	· 재료의 낭비가 없었는가?				
	· 재료가 구하기 쉽고 만들기 간편한가?				
	· 한국의 문화를 담았는가?				
	· 외국 사람들의 특성을 고려하였는가?				
	· 한국음식 만들기와 메뉴판이 창의적인가?				
다른 모둠 활동 평가	항목		모둠명		
	· 세계인이 함께 즐기기에 가장 좋은 음식을 만든 모둠은?				
	· 선정의 근거를 한 단어로 이야기하면?				
이 활동을 통해 배우고 느낀 점	모둠원 모두가 서로 다른 내용으로 한 가지 이상씩 쓰시오.				
	1. (이름:　　　　　) 2. (이름:　　　　　) 3. (이름:　　　　　) 4. (이름:　　　　　)				

주제 2: 면(국수와 파스타) 요리 전문가

□ 교수 · 학습 체계

수업 흐름	주요 학습 및 활동 내용	수업 및 활동 형태	시간
도입	- 주변의 맛있는 면 요리 전문점 나열 - 밀가루로 만든 음식 나열 - 수업 목표 및 내용 제시 * <붙임 쪽지> 활용	질의응답, 교사 제시	15분
↓			
교과 내용 공부	- 면과 빵이 발달한 지역 구분 - 밀과 파스타의 역사 탐색 * <학생용 활동자료 1> 활용 * <동영상 자료> 활용	동영상 시청, 강의식 및 질의응답	15분
↓			
세계 속의 면 요리 전문가 탐색과 체험	- '지금 TV는 요리가 대세' 상영 - 면 요리 전문가가 되는 길 탐색 - 면 요리 상차림 스타일 탐구 - 모둠별 면 요리 만들기 * <학생용 활동자료 2> 활용 * <인터넷, 진로직업 관련 도서> 활용 * <조리 실습 재료 및 도구> 활용	모둠별 실습, 모둠별 토의	45분
↓			
지역의 면 전문 음식점 탐색	- 세계인과 함께하는 면 요리 전문점 운영을 위한 토의 - 우리 지역의 면 전문 음식점 탐색 방법 구상 및 계획 수립 - 우리 지역의 면 전문 음식점 탐색 * <학생용 활동자료 3> 활용	모둠별 계획, 모둠별 지역 탐색	40분
↓			
지역의 면 전문 음식점 지도 제작	- 우리 지역의 면 전문 음식점 지도 제작 방법 구상 및 계획 수립 - 우리 지역의 면 전문 음식점 지도 제작 * <전지, 우리지역 지도> 활용 * <학생용 활동자료 3> 활용	모둠별 제작	30분
↓			
체험 및 제작 결과 발표	- 모둠원이 운영하는 면 요리 전문점 협동조합 기획 - 협동조합 기획, 음식점 탐색, 지도 제작 등의 결과 발표	모둠별 기획, 모둠별 발표	25분
↓			
정리	- 면 요리 관련 직업 탐색 - 형성평가 실시 * <학생용 활동자료 2, 3: 평가지> 활용	교사 주도	10분

□ 교수 · 학습 목표

○ 교과 목표

- 식품과 음식의 문화적 · 역사적 가치를 이해할 수 있다.
- 국수요리와 파스타의 공통점과 차이점을 파악하여, 창의적이며 지속가능하며 세계인과 함께하는 식생활문화를 형성 · 공유 · 전수할 수 있다.

○ 진로역량 목표

- MⅠ 1.2 자신의 적성 및 흥미를 다양하게 탐색한다.
- MⅢ 2.2.1 직업체험을 통해 직업 정보를 수집할 수 있다.
- 식품의 위생적 조리 활동을 통해 개인과 가족의 안전하고 건강한 삶을 위한 실천적 문제 해결 능력과 생활 자립 능력, 자원 관리 능력을 기른다.

□ 관련 직업(군)

○ (1319) 기타 주방장 및 조리사

- 푸드스타일리스트

푸드스타일리스트는 음식 자체를 포함하여 그릇, 소품, 테이블 등 음식과 관련한 공간 전체를 그 목적에 맞게 디자인하여 연출하는 사람이다. 요리의 특징을 고려하여 음식을 예쁜 그릇에 보기 좋게 담아내고 함께 차려 낸 음식이 전체적으로 조화를 이루는지 살피는 게 이들의 주된 역할이다. 특히, 사교를 목적으로 하는 모임에서는 음식의 맛과 모양, 공간과의 조화 등에 따라 분위기가 좌우되기도 하는데, 푸드스타일리스트는 모임 공간 전체를 설계하고, 적절한 소품으로 꾸미며, 음식이 제 몫을 다할 수 있도록 연출한다. 일을 할 때 대체로 별도 조리사 없이 푸드스타일리스트가 조리 과정을 직접 맡아 하지만, 일의 규모가 클 경우에는 조리사를 따로 두기도 한다.

○ (1329) 기타 음식서비스 종사원

- 외식업체매니저

외식업체매니저는 고객 관리에서부터 매장관리, 인사관리, 교육 · 훈련 등 외식업체의 운영 및 관리를 책임지는 사람이다. 규모에 따라 레스토랑 전체를 총괄 관리하는 점장(G.M), 점장하에서 매장과 인력 관리를 총체적으로 담당하는 중간관리자인 부점장 또는 매니저, 그리고 홀이나 주방, 바(bar) 등 해당 구역만 따로 맡아 관리하는 캡틴(captain) 등으로 구분할 수 있다. 업체에 따라서 중간관리자의 체계나 이들의 명칭은 각기 다를 수 있다.

□ 준비물

○ 교사: 컴퓨터, 빔 프로젝터, 붙임쪽지(post-it), 마커 펜, 세계지도, 지역지도 출력물, 조리실습 도구 및 기본 식재료(칼, 도마, 냄비, 프라이팬, 수저, 포크 등 국수와 파스타 조리 기구, 소금, 간장, 참기름, 올리브유 등 기본 식재료)

○ 학생: 모둠별 국수와 파스타 재료

Tip: 국수요리와 파스타 만들기 기본 재료(소금, 간장, 참기름, 올리브유, 국수, 파스타 등)를 지원하거나 학교 앞의 마트에서 모둠별로 제한된 금액 내에서 구매할 수 있게 하는 등 학교의 여건에 따라 학생 준비물이 달라질 수 있다.

□ 교수 · 학습 내용

도입(15분)

1. 우리 주변의 맛있는 면 요리 전문점들 나열하기

- 우리 주변의 맛있는 면 요리 전문점들에는 어떤 집들이 있는지 생각한 후, 1인당 3개 이상의 면 요리 이름을 붙임쪽지에 각각 적고 종류를 분류해 본다.

할매집
국수집
勝利飯店

- 이 많은 면 요리는 어디에서 왔을까 질문을 한다.

2. 밀가루로 만든 음식 나열하기

- 동영상을 2분정도 시청하고, 밀가루로 만든 '나라별 대표 요리' 하면 떠오르는 요리 이름을 개인별로 붙임쪽지에 1장에 1개씩 2~3개를 적도록 한다.

☞ 국수의 유래- 누들로드 1부 '기묘한 음식'의 시작 부분 2분 정도 시청

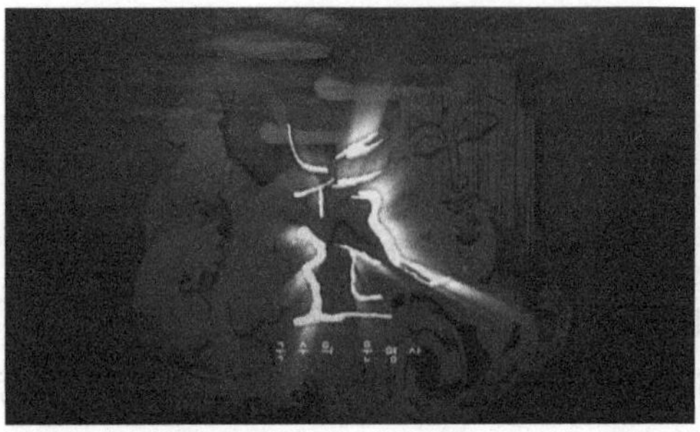 

[영상 자료 소개]
2008년 KBS 1 TV에서 방영한 '인사이트 아시아' 시리즈 6부작 다큐멘터리로 국수를 통해 본 인류 음식 문명사, 아시아의 면(noodle)이 대륙과 문화권을 넘어 세계인의 입맛을 바꾸어 가는 반만년의 홍미진진한 여정, 실크 로드와 국수의 만남, 한 알의 밀이 국수가 되어 세계인의 식탁에 오르기까지 그 뒤에 감춰진 동서 문명 교류에 관한 수수께끼를 풀어나간 영상물이다.

3. '세계 속의 면 요리 전문가' 체험 안내하기

- 세계 속의 면 요리 열풍을 이끌어내는 이탈리아의 스파게티, 중국의 면 요리, 베트남의 쌀국수, 우리나라의 칼국수나 잔치국수 등 면 요리의 전문가가 되어 각종 면 요리를 만들어 보고, 세계인과 함께하는 면 요리 전문점 운영을 기획할 것임을 안내한다.

전개(155분)

1. 면이 발달한 지역과 빵이 발달한 지역 구분하기

- 세계지도를 칠판에 붙여놓고 모둠별로 붙임쪽지에 적힌 요리 이름을 해당 나라 위치에 붙이고, 빵 요리가 발달한 지역과 국수요리가 발달한 지역을 구분한다.
- 우리나라에서 발달한 밀가루 요리는 면 요리이므로 면 요리가 발달한 지역과 이동경로를 추측해보도록 한다.

Tip: 나라별 대표 국수 요리
1) 우리나라: 칼국수, 수제비, 비빔면, 냉면, 메밀국수 등
2) 중국: 도삭면, 담담면, 자장면, 수타면, 수자면, 비빔면 등
3) 일본: 우동, 소바, 라멘 등
4) 이탈리아: 스파게티, 파스타
5) 베트남: 쌀국수

☞ '교사용 참고자료 1' (붙임): 중국의 면 요리

2. 밀과 파스타의 역사 탐색하기

- 파스타 역사부분을 시청하며 '학생용 활동자료 1' 내용의 빈 칸을 채우고, 국수의 이동경로를 추론해 본다.

  ☞ '학생용 활동자료 1' (붙임): 밀과 파스타의 역사

☞ 국수의 유래 - 누들로드 1부 '기묘한 음식'

KBS1 HD
크리스토퍼 나이트하르트
(더 누들) 저자
이것은 중앙아시아 모래 속에 숨겨져 있었던
매우 새로운 사실입니다

〈밀과 파스타의 역사〉

밀의 재배: B.C. 7000년경 메소포타미아 지역에서 시작

B.C. 4000년경 처음 빵이 만들어짐. 납작한 빵

B.C. 3000년경 이집트 발효 빵(부풀어진), 중국 밀 재배 시작

B.C. 2000년경 중국은 처음으로 분식을 시작

B.C. 500년경 유물, 국수와 미라. 1991년 신장 위구르 타클라마칸(Uighur Taklamakan) 사막의 화염산에서 30여 개의 집단 묘 무덤 구멍 발견, 미라(경 샤호허 가면 뒤의 주인공 - 원시 유럽 인종)와 그릇에 담긴 음식(국수, 구운 양고기, 좁쌀, 빵, 밀알 등)

※밀알 종류 분석 결과 - 카스피 해 지역의 밀. ∴중앙아시아에서 퍼져나간 것

B.C. 130년경 한나라 장건이 실크 로드를 개척함

79년 8월 베수비오 화산 폭발로 형성된 폼페이 유적의 유물에는 건포도, 호두, 빵, 조개, 생선 등이 있으나, 국수는 없음

6C경 북위「제민요술」: 중국 최고의 농업 기술서. 손으로 비비고 눌러 잡아당겨 국수 만드는 법을 기록함

9세기경 이슬람 왕조가 시칠리아를 점령하여 200여 년간 지배 시작. 설탕, 잣 등이 시칠리아에 도입됨

10세기 무렵 시칠리아에 파스타 등장

- 현재 이란에는 리슈타(먼 길을 떠나기 전에 먹는 특별한 국수 요리)가 남아 있음

12C 송나라 카이펑(장안), 도시 구조의 변화: 집의 담장과 통행금지가 사라지면서 대형 음식점이 등장, 배달 음식도 성행, 국수 요리 발달로 국수가 대중의 음식으로 자리 잡음, 실크 로드 무역 성행

- 송나라에 온 일본 유학승 쇼이치 국사(국수 만드는 법 들여감)
- 교토 동복사 10월 쇼이치 국사 제사에 소면 공양: 네모 그릇에 한입씩
- 일본 후쿠이 현 영평사(선종) - 식사 중 소리 내면 안 됨
- 국수 - 고된 수행이 끝난 후 먹는 특별식
  미리 삶아 건져 둔 국수 + 따뜻한 표고 국물을 소리 내서 먹음

1154년 아랍 인 학자가 쓴 지리서에 이탈리아 남부 시칠리아 이트리아(=리슈타, 일종의 파스타, 건조 국수) 수출 기록 14세기 유럽에 빵이 아닌 밀가루 음식(이트리야 제조 과정)이 그림에 등장 · 마르코 폴로(Marco Polo) 가설: 중국에서 마르코 폴로가 파스타를 이탈리아에 들여왔다는 설 기각

3. '지금 TV는 요리가 대세' 뉴스기사 살펴보기

☞ 남자도 관심 '요리가 대세'…정작 할 시간은 없다? iMBC

지금 TV는 요리가 '대세'

구수현
간편하고 맛도 좋아서 휴일에 한 끼 정도는
가족들과 라면을 먹고 있습니다.

[영상 자료 소개] [리포터] 면을 사랑하는 한국인, 최근 소비량이 세계 1위인 것으로 나타나 수치로도 입증이 되었었죠. 이렇게 라면이나 국수 같은 면 요리, 또 간편식을 즐기는 분위기도 요리시간이 길지 않은 이유 중 하나일 텐데요. 관련 보도 함께 보겠습니다. 끓는 물에 면과 스프를 넣고, 계란까지. 단 몇 분 만에 완성되는 한 끼, 라면. [인터뷰: 고객] "간편하고 맛도 좋아서 휴일에 한 끼 정도는 가족들과 라면을 먹고 있습니다." [리포터] 나라의 연간 라면 생산액은 2조 100억 원, 한 사람당 한 해 74개를 소비해 세계 1위입니다. 라면뿐만 아니라 칼국수, 비빔국수, 잔치국수 같은 밀로 만든 면에 냉면, 메밀국수까지. 면 요리는 가짓수를 셀 수 없을 정도로 다양합니다.

자료: http://imnews.imbc.com/replay/2015/nw1800/article/3676258_14761.html

4. 면 요리 전문가가 되는 길 탐색하기

- 인터넷 검색과 진로직업 관련 도서를 이용하여 면 요리 전문가가 되는 길을 다양하게 탐색한다.

가. 해당 음식점에서 청소, 설거지부터 시작하는 방법

나. 2년제 호텔 조리학과로 진학하여 공부하는 방법

다. 조리학원을 다니며 조리사 자격증을 따는 방법

라. 해외의 전문 요리학교로 유학 가서 자격증을 따는 방법 등으로 모둠별 주제를 정해 탐색하여 발표한다.

참가 선수단 전원 / 부문별 전종목 수상
자격증/시험
조리유학반 추가 모집중!
상하이&싱가포르 국제요리대회
참가선수 모집!
시카고피자
비법전수

5. 면 요리 상차림 스타일 탐구하기

- 동영상 시청과 인터넷 이미지 검색을 통해 우리나라 국수요리와 파스타 면 요리, 중국 면 요리, 베트남 면 요리, 일본 면 요리 상차림의 스타일을 탐구하여 모둠별로 만들고자 하는 면 요리와 상차림 스타일을 계획한다.

☞ 누들로드 1부 '기묘한 음식;' 의 이탈리아, 중국, 베트남, 일본의 면 요리 상차림과 식사(약 16분)
(동영상은 미리 확인 한 후 편집하여 보여준다.)

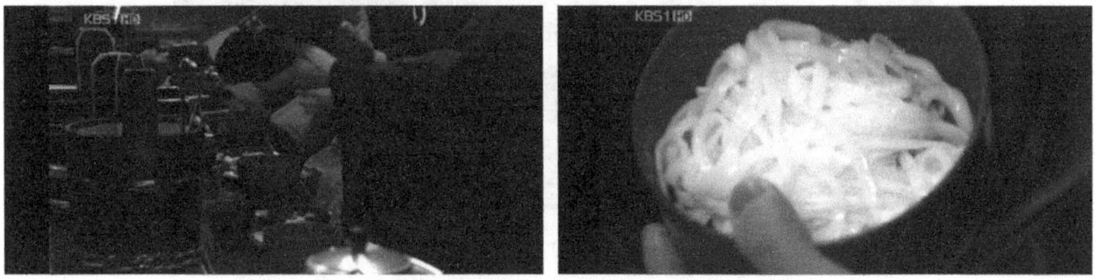

일본 영평사의 국수 공양 상차림

직장인들을 위한 간단한 우동 상차림

6. 모둠별로 면 요리 만들기

- 동영상 자료를 통해 곡식의 가루에서 면을 만드는 과정을 살펴본 후 파스타, 소면, 중면 등의 건조 면 제품이나 생칼국수와 같은 반조리 면제품, 밀가루를

이용하여 면 요리를 만든다.

☞ '학생용 활동자료 2' (붙임): 면 요리 만들기

☞ 누들로드 1부 '기묘한 음식'의 베트남 쌀국수, 칼국수, 중화면, 메밀국수 만드는 방법 (동영상은 미리 확인 한 후 편집하여 보여준다.)

KBS1HD

KBS1HD

- 완성된 음식을 가장 맛있게 느낄 수 있도록 그릇에 담아내는 방법을 디자인하여 상을 차린다.

KBS1HD

- 시식 후 만드는 과정에서 느낀 소감을 이야기한다.

7. 세계인과 함께하는 면 요리 전문점 운영을 위한 토의하기

- 면 요리의 장점과 면 요리가 그토록 사랑 받는 이유를 토의한다.
- 역사와 문화, 소비자의 요구를 반영하여 세계인과 함께하는 면 요리 전문점을 운영하기 위해 고려할 점이 무엇인지 토의한다.

Tip: 앞서 학습한 한식의 세계화 방안으로 1. 간편하게(Casual), 2. 문화를 담아서 (Culture), 3. 고객에 맞추어(Customize)야 함을 상기하도록 한다.

8. 우리 지역의 면 전문 음식점 탐색하기

가. 식품산업의 중요성

- 식품산업의 세계 시장규모는 반도체 산업의 8배 수준으로 식품산업의 중요성

을 설명한다.

세계 곳곳의 각 지역에서는 지역특산 식재료를 사용하여 독특한 방법으로 요리하여 맛있게 먹는 방법을 발달시켰다. 국제적인 교류가 있는 곳에서는 음식도 전파되었다. 서양에서는 대부분 밀가루로 빵을 만들어 먹었지만 동양에서는 국수를 만들어 먹었는데, 특이하게도 이탈리아는 스파게티가 발달하였다. 그 유래를 살펴보니 누들로드가 있었음을 알 수 있다. 간편하고 다양한 형태와 어느 재료와도 잘 어울리는 특성의 파스타는 현대사회 전 세계 사람들이 널리 좋아하는 음식이 되었다. 식품산업의 세계시장규모는 반도체 산업의 8배 수준이라고 알려져 있고, 국내 식품 산업 또한 매년 증가하여 2013년의 경우 157조 원에 달하였다. 국내 식품산업 성장추이: (2005년) 90조 원 → (2010년) 131조 원 → (2013년) 157조 원

나. 면 전문 음식점 탐색과 정보 수집

- 우리 지역의 면 전문 음식점의 분포를 탐색한 후, 직접 방문하여 면 요리 전문점 운영에 필요한 정보를 수집한다.

서울 중구 쌍림동 OOOO센터 지하 1층의 복합외식매장 OOO는 식사시간이면 삼삼오오 모여드는 사람들로 북적거린다. 이 북적거림 속에 이색적 분위기의 외식매장이 있다. 면 요리 전문점 OO제면소가 새로 마련한 '회전식 샤브샤브'는 좌석마다 인덕션(전기 가열기기)이 설치돼 혼자서도 어색하지 않게 식사를 즐길 수 있도록 공간이 구성됐다. 자료: 서울경제(2013. 7. 16.)

- 조사 방법: 인터뷰, 관찰, 사진촬영, 시식 등 다양한 방법 활용

※ 최소한 3곳 이상의 음식점에서 음식점 CEO, 조리사와 인터뷰하기

※ 조사내용: 어떻게 음식점을 운영하게 되었는가, 음식점 사원 구성은 어떠한가, 조리사가 되기까지 과정은 어떠하였는가, 주력 메뉴는 무엇인가, 상차림의 스타일은 어떠한가, 음식점 운영에 필요한 조건은 무엇인가, 소비자의 면 요리에 대한 선호나 요구는 어떠한가? 등

- 조사활동 수행에서 유의할 사항안내: 안전, 예의, 조사신뢰성, 자료정리, 시간준수 등

  ☞ '학생용 활동자료 3' (붙임): 우리 지역의 면 전문 음식점 탐색과 지도 만들기

다. 건강을 고려한 색다른 누들

☞ 살찔 걱정 없이 맛있게 먹는 면 요리 '페이크누들'

KBS1
이럴 때는 밀가루를 대신해 다른 재료로
만든 색다른 면!

KBS1
비타민 A와 C가 풍부한 아스파라거스는
항산화작용을 돕고 면역력을 높여주는데요.

자료: http://news.kbs.co.kr/news/view.do?ncd=3162787&dable=10.1.1

[영상 자료 소개]

[앵커] 국수 좋아하는 분들 많지만, 밀가루 음식이라 칼로리가 꽤 높은데요. 칼로리 낮은 생재료들로 진짜 국수 못지않게 맛있게 먹을 수 있는 면 요리, 바로 페이크 누들입니다. 밀가루가 전혀 안 들어갔어도 면 같은 식감도 느낄 수 있고, 건강에도 좋은 재료들인데요. OOO 기자가 소개합니다.

[리포터] 조리가 간단하고 한 끼 식사로도 손색없는 국수! 오랜 시간 사랑받아온 음식이지만, 밀가루를 사용한 것이 대부분이라 먹을 때 마다 부담이 되기도 하는데요. 이럴 때는 밀가루를 대신해 다른 재료로 만든 색다른 면, 페이크 누들을 즐겨보세요. 첫 번째 재료는 파릇한 색깔이 식욕을 자극하는 아스파라거스입니다.

[인터뷰: 최은주(요리연구가)] 아스파라거스를 면처럼 자를 때, 칼로 하면 위험할 수 있거든요. 오늘은 감자 깎는 칼, 필러를 사용해 볼게요. 필러를 사용하여 아스파라거스를 가늘게 썰어주고요. 달구어진 팬에 올리브유를 넣고 마늘, 바지락과 함께 볶아줍니다. 부드럽고 쫄깃한 바지락과 아스파라거스의 아삭한 식감이 조화를 이룹니다. 비타민 A와 C가 풍부한 아스파라거스는 항산화작용을 돕고 면역력을 높여주는데요. 여러 재료와 함께 볶아낸 아스파라거스를 접시에 담아내면 아스파라거스 파스타가 완성됩니다.

9. 우리 지역의 면 전문 음식점 지도 제작하기

※ 탐색과 정보수집 활동에서 생각해야 할 점을 도출하도록 한다.

- 우리 지역 발달과 면 전문 음식점 번창을 위한 발전방안을 모색한다.
- 10년 뒤 우리 지역 음식점 지도는 어떻게 변화할까 상상한다.
- 우리 지역 면 전문 음식점과 관련된 직업에는 어떤 것이 있을까 상상한다.
- 앞으로 미래의 나는 우리 지역에 어떤 기여를 할 수 있을까 등을 상상한다.
- 우리 지역의 면 전문 음식점 지도를 토대로 면 요리 전문점 운영에 필요한 정보를 수집한다.

  ☞ '학생용 활동자료 3' (붙임): 우리 지역의 면 전문 음식점 탐색과 지도 만들기

10. 모둠원이 함께 운영하는 면 요리 전문점 협동조합 기획하기

- 제한된 시간 동안 모둠별로 많은 사람들이 즐겨 찾을 수 있는 면 요리 전문점을 기획한다.
- 세계인이 함께 즐길 수 있도록 면 요리의 특성을 살린 메뉴판과 상차림 사진도

함께 제작하도록 한다.
- 프랜차이즈점으로 발전할 수 있는 브랜드명과 음식점 간판을 디자인한다.

☞ COOP 협동조합

협동조합
제도소개
설립·운영
협동조합현황
알림마당
협동조합 상품몰
교육
"함께 만드는 희망,
함께 나누는 행복"
공지사항
보도자료
자료실
FAQ

자료: http://www.coop.go.kr/COOP/manage/establishGuild_normal.do

※ 일반협동조합 설립절차: 5명 이상의 발기인(조합원)이 모여 시・도지사에게 신고 및 설립등기를 거쳐 설립할 수 있다. 사정에 따라 설립동의자 모집 후 정관을 작성할 수도 있지만, 이 경우에도 창립총회 개최 이전에는 정관을 작성해야 한다.

11. 우리 지역 면 전문 음식점 탐색결과 및 제작 지도 발표하기

- 모둠별로 면 전문 음식점 탐색결과와 제작된 음식점 지도를 설명한다.
- 우리 모둠 평가와 다른 모둠 평가를 하고 소감을 작성한다.

12. 면 요리 전문점 협동조합 기획결과 발표하기

- 모둠별로 면 전문 음식점 협동조합 기획결과를 발표한다.
- 우리 모둠 평가와 다른 모둠 평가를 하고 소감을 작성한다.

정리(10분)

1. 면 요리와 관련된 직업 생각해보기

- 면 요리와 관련된 직업을 브레인스토밍한다.
  예) 외식업체 매니저, 면 요리 전문점 CEO, 조리사, 음식 브랜드 개발자, 음식 연구가, 푸드코디네이터, 푸드스타일리스트, 외식사업가, 외식 사업 마케팅, 주방장, 홀매니저, 조리대 제작자, 음식문화 연구가, 음식문화인류학자, 고고학자 등

Tip: 음식점명 작명, 메뉴판 제작에 음식의 역사와 문화, 전통적 제조 방법, 유래 등을 반영할 수 있음을 인식하게 하고, 작은 역할이라도 자신의 장점과 소질을 찾아볼 수 있도록 존중하고 타인을 배려하는 분위기 속에서 이야기를 나눌 수 있도록 한다.

2. 형성평가 실시하기

□ 학생 평가

○ 평가 방식

- 조리와 지도제작, 기획, 발표의 전 과정에 대해 학생의 자기 평가와 교사의 관찰 평가를 실시한다.
- 조리와 지도 제작, 기획, 발표 전 과정을 통해 문제 해결 능력과 창의성, 자원 관리 능력을 평가한다.
- 조리하여 완성한 음식이 맛이 있는지, 영양상의 균형을 이루는지 평가한다.

○ 평가 기준

주요 역량	도달 기준
문제 해결 능력	- 조리와 지도제작, 기획, 발표에서 요구하는 사항을 반영하여 계획하고 실행하였다. - 완성된 음식이 맛이 있고, 영양적으로 균형이 잡혀있다.
창의성	- 개발한 음식이 창의적이다. - 음식 작명 및 메뉴판 개발이 창의적이다.
자원 관리 능력	- 재료 준비와 계획이 잘 이루어졌다. - 재료와 시간을 낭비 없이 잘 활용하였다.

□ 안전 · 유의 사항

○ 조리실에서는 뛰거나 장난치지 않는다.

○ 조리 시에는 뜨거운 조리 기구나 물에 손이 데지 않도록 유의한다.

○ 뜨겁고 무거운 프라이팬은 반드시 행주를 덧대어 양손으로 잡고 사용하여, 화상에 유의한다.

○ 가스레인지를 사용할 때에는 환기에 유의하고, 사용 후에는 반드시 밸브를 잠근다.

○ 가스레인지나 전기 열기구를 사용한 후에는 소화되었는지, 전원스위치를 껐는지 반드시 확인한다.

○ 칼을 사용할 때에는 손을 베지 않도록 조심해서 다루고, 사용 후에는 반드시 칼집이나 서랍에 넣어 안전하게 보관한다.

○ 바닥에 물이 떨어지지 않도록 유의하고, 젖은 바닥은 즉시 물기를 닦아 미끄러지지 않도록 한다.

○ 지역 탐색 활동을 할 때에는 교통안전에 유의하여 신호를 지키고, 길을 건널 때에는 반드시 횡단보도를 이용하도록 한다.

○ 길을 걸을 때에는 친구들과 옆으로 넓게 퍼져 이야기하거나 장난치지 않으며, 특히 장난을 치다가 도로로 밀거나 내려가는 일이 없도록 유의한다.

학생용 활동자료 1 | 밀과 파스타의 역사

밀의 재배: B.C. 7000년경 (   ) 지역에서 시작

B.C. (   )년경 처음 빵이 만들어짐. 납작한 빵

B.C. 3000년경 이집트 발효 빵(부풀어진), 중국 밀 재배 시작

B.C. 2000년경 중국은 처음으로 분식을 시작

B.C. 500년경 유물, (   )와 미라. 1991년 신장 위구르 타클라마칸(Uighur Taklamakan) 사막의 화염산에서 30여 개의 집단 묘 무덤 구멍 발견, 미라(경 샤호허 가면 뒤의 주인공 - 원시 유럽 인종)와 그릇에 담긴 음식(국수, 구운 양고기, 좁쌀, 빵, 밀알 등)

※ 밀알 종류 분석 결과 - 카스피 해 지역의 밀. ∴ (   ) 에서 퍼져나간 것

B.C. 130년경 한나라 (   ) 실크 로드 개척

79년 8월 베수비오 화산 폭발로 형성된 폼페이 유적의 유물에는 건포도, 호두, 빵, 조개, 생선 등이 있으나 (   )는 없음

6C경 북위 「   」 중국 최고의 농업 기술서. 손으로 비비고 눌러 잡아당겨 (   ) 만드는 법을 기록함

9세기경 이슬람 왕조가 시칠리아 점령 200여 년간 지배 시작. 설탕, 잣 등이 시칠리아에 도입됨

10세기 무렵 시칠리아에 (   ) 등장

현대 이란에는 __________(먼 길을 떠나기 전에 먹는 특별한 국수 요리)가 남아 있음

12C 송나라 카이펑(장안), 도시 구조의 변화: 집의 담장과 통행금지가 사라지면서 대형 음식점이 등장, 배달 음식도 성행, 국수 요리 발달로 국수가 대중의 음식으로 자리 잡음, 실크 로드 무역 성행

송나라에 온 일본 유학승 쇼이치 국사(국수 만드는 법 들여감)

교토 동복사 10월 쇼이치 국사 제사 (   ) 공양 - 네모 그릇에 한입씩

일본 후쿠이 현 영평사 - 선종 - 식사 중 소리 내면 안 됨

국수: 고된 수행이 끝난 후 먹는 특별식

미리 삶아 건져 둔 국수 + 따뜻한 표고 국물 소리 내서 먹음

1154년 아랍인 학자가 쓴 지리서에 이탈리아 남부 시칠리아 _________(=리슈타, 일종의 파스타, 건조국수) 수출 기록

14세기 유럽에 빵이 아닌 밀가루 음식(이트리야 제조 과정)이 그림에 등장

(   ) 가설: 중국에서 (   )가 파스타를 이탈리아에 들여왔다는 설 기각

학생용 활동자료 2 | 면 요리 만들기

학년 반 모둠

면 요리 명	
준비물	

역할 분담	이름(번호)	역 할

조리 활동 평가	항목	상	중	하
	· 재료 준비와 계획이 잘 이루어졌는가?			
	· 면 요리명은 창의적이고 타당한가?			
	· 재료의 낭비가 없었는가?			
	· 재료의 특성과 풍미를 잘 살렸는가?			
	· 전통과 문화를 담았는가?			
	· 세계인들의 여러 특성을 고려하였는가?			

다른 모둠활동 평가	항목	모둠명
	· 세계인이 함께 즐기기에 가장 좋은 음식을 만든 모둠은?	
	· 선정의 근거를 한 단어로 이야기하면?	

조리 활동	
	☞ 세계인이 함께 즐기는 면 요리 개발에서 유의해야 할 점은?

이 활동을 통해 배우고 느낀 점	모둠원 모두가 서로 다른 내용으로 한 가지 이상씩 쓰시오.
	1. (이름:)
	2. (이름:)
	3. (이름:)
	4. (이름:)

학생용 활동자료 3 | 우리 지역의 면 전문 음식점 탐색과 지도 만들기 |

학년 반 모둠

<table>
<tr><td colspan="2">지도 이름</td><td colspan="4"></td></tr>
<tr><td>준비물</td><td colspan="5"></td></tr>
<tr><td rowspan="5">역할
분담</td><td>이름(번호)</td><td colspan="4">역 할</td></tr>
<tr><td></td><td colspan="4"></td></tr>
<tr><td></td><td colspan="4"></td></tr>
<tr><td></td><td colspan="4"></td></tr>
<tr><td></td><td colspan="4"></td></tr>
<tr><td>탐색
제작
활동</td><td colspan="5">☞ 면의 역사와 문화, 소비자의 요구를 반영하여 세계인과 함께하는 면 요리 전문점을 운영하기 위해 고려할 점은?

☞ 우리 지역의 면 전문점의 분포와 특성은?</td></tr>
<tr><td rowspan="7">활동
평가</td><td colspan="2">항목</td><td>상</td><td>중</td><td>하</td></tr>
<tr><td colspan="2">· 준비와 계획이 잘 이루어졌는가?</td><td></td><td></td><td></td></tr>
<tr><td colspan="2">· 지도 이름은 창의적이고 타당한가?</td><td></td><td></td><td></td></tr>
<tr><td colspan="2">· 지도는 정확하며 구체적인가?</td><td></td><td></td><td></td></tr>
<tr><td colspan="2">· 지역 면 전문 음식점의 특성을 잘 나타냈는가?</td><td></td><td></td><td></td></tr>
<tr><td colspan="2">· 조사 문항과 결과는 타당한가?</td><td></td><td></td><td></td></tr>
<tr><td colspan="2">· 지역 면 전문 음식점에 대한 분석결과가 나타나는가?</td><td></td><td></td><td></td></tr>
<tr><td rowspan="3">다른
모둠활동
평가</td><td colspan="2">항목</td><td colspan="3">모둠명</td></tr>
<tr><td colspan="2">· 지역 면 전문점 특성과 분포를 가장 잘 반영한 지도 제작 모둠은?</td><td colspan="3"></td></tr>
<tr><td colspan="2">· 선정의 근거를 한 단어로 이야기하면?</td><td colspan="3"></td></tr>
<tr><td rowspan="2">이
활동을
통해
배우고
느낀 점</td><td colspan="5">모둠원 모두가 서로 다른 내용으로 한 가지 이상씩 쓰시오.</td></tr>
<tr><td colspan="5">1. (이름:)

2. (이름:)

3. (이름:)

4. (이름:)</td></tr>
</table>

교사용 참고자료 | 중국의 면 요리

• 산서의 칼국수

산서의 칼국수는 밀가루를 엷게 밀어서 길게 칼로 자르는 것이 아니라, 한 손에 밀가루 반죽을 들고 다른 한 손에는 특제 칼을 들어 버들잎 모양으로 깎아 내어 직접 가마에 넣는다. 그러한 의미에서 도삭면이라고 한다.

• 사천의 탕면

사천의 탕면은 옛날에 멜대로 메고 다니면서 팔았다고 해서 담담면(担担面)이라고 한다. 주방장이 멜대로 가마를 메고 다니다가 손님을 만나면 그 자리에서 국수를 밀어서 익히고, 그 위에 고소한 소스를 얹어 손님에게 팔았다고 한다.

• 베이징의 자장면

자장면은 베이징의 서민 음식으로 음식 만드는 방법도 간단하고, 입맛도 돋우면서 최고의 면으로 자리를 잡았다.

• 난주의 수타면

탕면의 일종인 난주의 수타면에는 쇠고기보다도 쇠고기 국물이 꼭 들어간다. 투명하게 맑은 쇠고기 국물은 수십 가지의 식재료로 만들어 고소함을 넘어 고소함의 극치인 시원함을 자랑한다.

• 섬서의 탕면

섬서의 탕면은 조자면(臊子面)이라도 한다. 먼 옛날 금방 시집을 온 한 신부가 시동생의 친구들을 위해 국수를 만들었고, 그 맛이 최고여서 형수가 만든 국수라는 의미로 원래는 수자면(嫂子面)이라고 했다. 이 탕면에는 조자(臊子)라고 하는 양념이 꼭 들어가야 했기 때문에 그 뒤에 조자면으로 이름이 바뀌게 되었다고 한다.

• 무한의 비빔국수

쫄깃하면서도 가늘고, 노란 기름기가 도는 무한의 비빔국수는 열간면(熱干面)이라고 한다. 무한의 음식을 대표하는 열간면은 수십여 년 전 한 주방장이 부주의로 만든 비빔국수라고 한다. 어느 날 탕면과 묵을 팔던 한 주방장이 더운 날씨에 남은 국수가 상할까 봐 물기를 거둔 국수를 말리다가 부주의로 그 위에 기름을 엎질렀다. 어쩔 수 없이 그대로 말렸다가 이튿날 끓는 물에 살짝 데쳐 양념을 했는데, 고소한 냄새가 진동하였다. 많은 사람들이 그 냄새에 이끌려 와 국수 맛을 보고는 국수 이름을 물었다. 주인은 얼떨결에 말려 끓인 면이라는 의미로 열간면이라고 대답하였다. 그때부터 비빔국수 열간면은 무한을 대표하는 음식이 되었다고 한다.

주제 3 : 꿈을 싣고 나는 양탄자

□ 교수 · 학습 체계

수업 흐름	주요 학습 및 활동 내용	수업 및 활동 형태	시간
도입	- 청주 공예비엔날레의 직조 예술품 소개 - 수업 목표 및 내용 제시 * 〈사진 자료〉 활용	교사 제시	10분
교과 내용 공부	- 손으로 만든 옷감들 탐색 - 고대 섬유 양털 축융유물의 발견 자료 소개 - 천연섬유로 실 제작 - 천연섬유 관찰보고서 작성 * 〈교사용 참고자료 1〉 활용 * 〈동영상 자료〉 활용 * 〈천연섬유 실물, 섬유 밀도경 등〉 활용	강의 및 질의응답, 실험실습	60분
양탄자의 디자인과 제작	- 전통 실크 염색과 실크 카펫 소개 - 도화지를 이용한 수직기 제작 - 양탄자의 디자인과 제작 * 〈도화지, 실, 바늘, 털실, 태피스트리 샘플〉 활용 * 〈학생용 활동자료〉 활용	강의 및 질의응답, 제작 실습	55분
자신의 양탄자 소개 및 활동결과 발표	- 자신이 만든 양탄자 소개 - 양탄자 디자인과 제작 소감 발표 * 〈학습 결과물〉 활용 * 〈학생용 활동자료〉 활용	강의 및 질의응답, 모둠 내 개인 발표 모둠별 발표	35분
섬유 관련 직업(군) 탐색	- 섬유와 관련된 직업 탐색 - 텍스타일 디자이너와 패션 테크니컬 디자이너 소개 * 〈전지, 붙임 쪽지, 사진자료〉 활용	브레인스토밍, 강의 및 질의응답	10분
정리	- 양탄자 관리 방법 안내 - 형성평가 실시 * 〈학생용 활동자료: 평가지〉 활용	교사 주도	10분

□ 교수 · 학습 목표

○ 교과 목표

- 옷감의 특성에 대해 이해할 수 있다.
- 창의적인 의생활을 실천할 수 있다.

○ 진로역량 목표

- MⅠ 2.2.2 공감을 적절히 드러내며 타인과 의사소통할 수 있다.
- MⅢ 2.2.1 직업 체험을 통해 직업 정보를 수집할 수 있다.
- 여러 소재의 섬유를 활용한 직조 과정을 통해 창의력과 기술 능력, 자원 관리 능력을 기를 수 있다.

□ 관련 직업(군)

○ (0851) 제품 디자이너

- 텍스타일 디자이너

텍스타일 디자이너는 옷감의 성분, 실의 색상과 종류, 조직의 형태, 무늬 등을 적절히 배합하여 새로운 디자인의 섬유를 고안한다. 일반적으로 텍스타일 전문업체를 비롯하여 의류업체, 방직회사, 커튼 · 벽지회사에서 근무한다.

○ (0852) 패션 디자이너

패션 디자이너는 직물, 가죽, 비닐 등 다양한 소재를 이용하여 우리가 입을 수 있는 옷을 디자인한다. 디자인하는 의류는 크게 양장과 한복으로 분류할 수 있으며, 성별 · 나이에 따라 남성복, 여성복, 캐주얼, 아동복으로, 옷의 용도에 따라 유니폼, 운동복, 평상복, 정장 등으로 세분된다. 의류의 종류가 다양한 만큼 이들 역시 대체로 자신만의 전문 분야를 가지고 활동한다. 의상 디자이너로 불리어지기도 한다. 패션 디자이너는 시즌이 시작되기 수개월 전부터 국내외의 패션 흐름을 분석하고, 시장 조사를 거쳐 계절에 맞는 상품을 기획한다. 성별, 나이 등 소비자의 특성과 기호, 유행의 흐름, 브랜드 이미지, 시즌별 콘셉트, 상품성 등 다양한 요소를 고려하여 디자인에 들어간다. 디자인 선정 후에는 의상 제조에 필요한 원단, 부속품 등 소재 선정, 패턴작업, 가봉을 거쳐 샘플 작업을 하고, 완성된 샘플로 품평회를 거쳐 최종적으로 우수 디자인을 선정하여 대량 생산에 들어간다. 또 디자인한 바대로 옷이 제작될 수 있도록 계속해서 생산과정을 확인하며, 생산된 의류가 매장에서 돋보일 수 있도록 디스플레이 방향을 제시하기도 한다. 신상품 전시회나 패션쇼에 자신의 의상을 발표하거나 행사를 기획하기도 하며, 자신이 디자인한 옷에 대한 소비자들의 반응이 어떤지, 얼마나 판매되는지를 파악하기 위해 백화점, 의류매장 등을 직접 돌아보기도 한다.

□ 준비물

○ 교사: 천연섬유 실물〔양모 플리스(fleece), 누에고치, 모시풀, 칡 섬유, 목화 등〕, 종이 직조판(8절 도화지 1/4크기, 실, 바늘, 스카치테이프) 또는 나무 직조판, 뜨개실, 스테이플러, 섬유 밀도경

※ '천연섬유와 직물 등 구입관련 안내' 교사용 자료 참고

☞ '교사용 참고자료 2' (붙임) : 천연섬유와 직물 등 수업 도구 마련하기

○ 학생: 스카치테이프, 딱풀, 가위

- 천연섬유보고서용: B4 종이 1장, 짙은 색의 색상지A4 1/2장
- 직조용: 여러 색상 및 종류의 뜨개실

Tip: 주요 재료는 학교에서 일괄 준비하고, 학생들은 자신의 디자인에 따라 양말과 부속품을 준비하면 학생들의 참여를 높일 수 있다.

□ 교수 · 학습 내용

도입(10분)

1. 2013 청주공예비엔날레의 직조 예술품 살펴보기
   - 청주공예비엔날레에 전시 소개되었던 다양한 직조와 매듭, 봉재 방법을 사용한 여러 예술품의 사진과 함께 다양한 타피스트리를 소개한다.

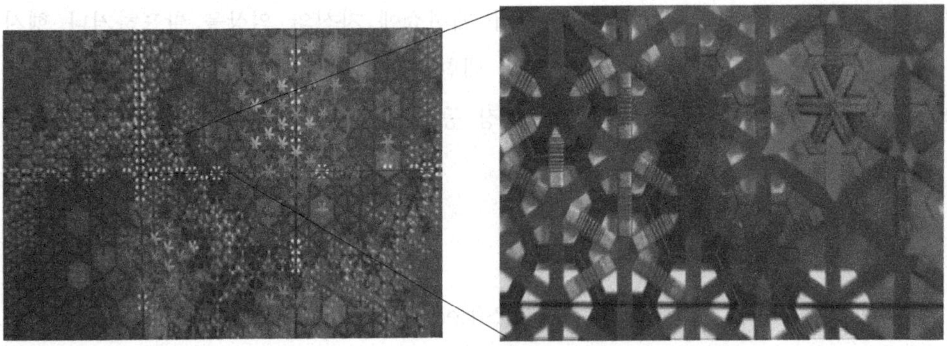

재료: 실과 종이

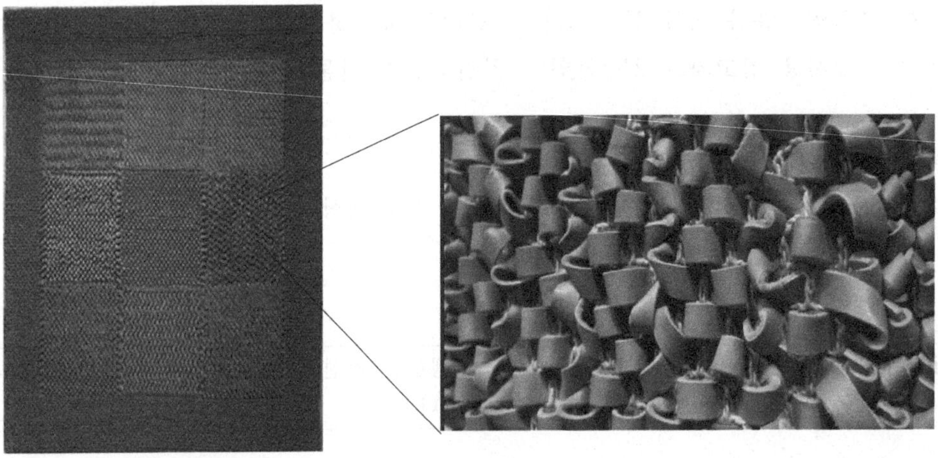

재료: 가죽

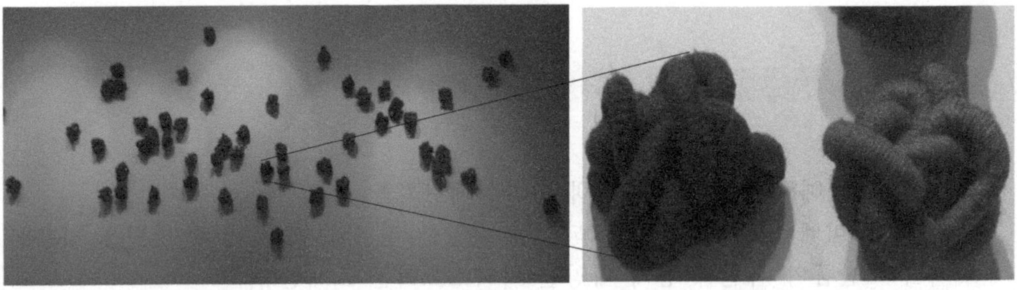

재료: 실, 매듭

2. 수업 목표 및 내용 제시하기

- 섬유를 관찰하여 여러 섬유소재의 특성과 방적·방직 원리를 이해하고, 이를 활용한 직조 과정을 통해 창의력과 기술 능력, 자원 관리 능력을 기를 수 있다.
- 천연섬유를 관찰하고 보고서를 작성한 후 직조 디자인을 하여, 내 꿈을 싣고 날아가는 양탄자를 만들게 됨을 설명한다.

전개(160분)

1. 손으로 만든 옷감들 탐색하기

※ 6~9세기에 만들어진 견직물(실크 로드에서 발견된 유물)

새

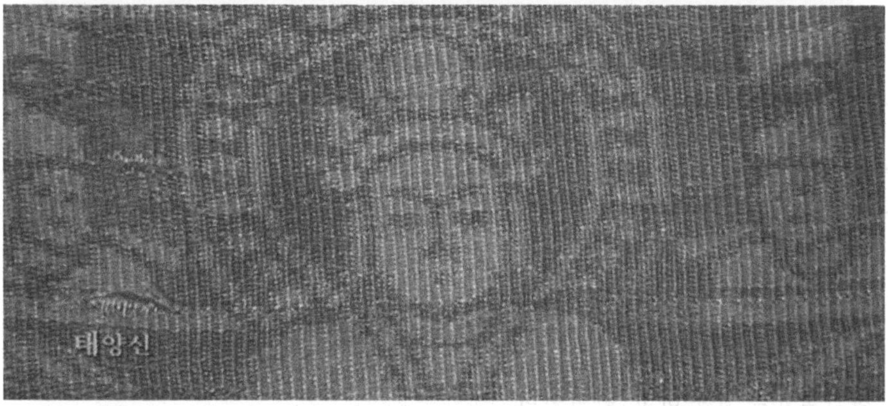
태양신

[사진 자료] 태양신: 그리스 로마 신화의 아폴론 이야기가 동양으로 전해져 직물에 위와 같이 표현됨. 씨실의 색을 두 가지로 하여 정교하게 아폴론을 부처처럼 표현하고 있음.

Tip: 사진보다 실물을 제시하면 학생들이 만져보고, 촉감을 느낄 수 있어서 동기 유발에 더욱 효과적이다.

2. 고대 섬유 양털 축융 유물의 발견 자료 살펴보기

- 아래의 실크 로드의 누란 지역 근처의 소하묘 미라 사진을 제시하며 누구일까, 입고 있는 옷과 모자는 무엇으로 만들었을까, 어떻게 만들었을까 등을 질문한다. (해설: 실크 로드의 누란지역 근처의 소하묘에서 발굴된 4000 년 전 젊은 여성의 미라. 소하의 미녀로 불리운다. 모자와 옷은 양털로 축융·직조하여 만들었다.)

☞ KBS 新실크 로드 제1편 '4000년의 깊은 잠' 29분~31분 부분

Tip: 발굴유물들에는 상당수의 섬유와 옷감, 의복이 있어 고고발굴학을 하기 위해서는 섬유와 직물, 옷감에 대한 전문적 지식이 필요하며, 복식학, 섬유 직물에 관한 피복재료학을 전공한 후 고고 발굴 작업에 참여하여 복식 유물 전문가가 되거나 박물관 복식 큐레이터가 될 수 있음을 설명한다.

3. 천연섬유 실 제작과 옷감 관찰보고서 작성하기

가. 천연섬유로 실을 만든다.
- 각 천연섬유를 사용하여 길게 실을 만들기 시합을 한다.
- 누가 누가 실을 가늘고 튼튼하고 길게 만드나?

나. '천연섬유 보고서 틀' 을 만든다.

☞ '교사용 참고자료 1' (붙임) : 천연섬유 관찰 보고서 틀 만들기

다. 천연섬유를 분류하고 관찰한다.
- 분류: 동물성, 식물성(종자, 인피섬유)으로 분류한다.
- 관찰: 육안 또는 섬유 밀도경으로 외형적 특성을 관찰하여 기록한다.
- 촉감 관찰: 손으로 만져보고 얼굴이나 팔 등 피부에 대어 보며, 촉감을 독특한 낱말이나 구절로 표현한다.

라. 방적의 원리를 이해한다.

- 섬유를 실로 길게 만드는 방법에 대해 토의한 후, 짧은 천연섬유에서 실을 만드는 공통적인 방법을 요약 정리한다.
  방적의 원리: 잡아당기기 → 비벼서 꼬아주기 → 꼬임을 고정시키기
  ('연신' 이라고 함)

☞ 목화 방적 및 방직 관련 영상 자료 - KBS 역사 스페셜 '목화씨 한 톨 세상을 바꾸다' 솜 틀기(시작 ~ 1분 30초), 목화에서 목면 제조(22분 30초 ~ 26분 30초)

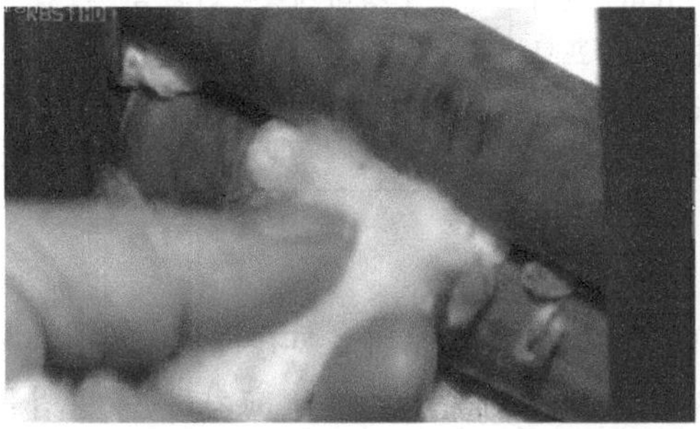

마. 보고서를 정리한다.

- 분류한 천연섬유와 만든 실을 보고서에 붙이고 관찰한 결과를 정리하여 보고서를 완성한다.

4. 내 꿈을 싣고 날아다니는 양탄자 만들기

가. 전통 실크염색과 실크 카펫을 살펴본다.

☞ 2008년 MBC 제작 아시아 3부 '문화의 옷 천연의 옷' 아무르 반드 실크 염색 부분(5분 ~ 7분), 전통 실크 카펫 만들기 부분(12분 30초 ~ 15분)

나. 도화지를 이용하여 수직기를 만든다.

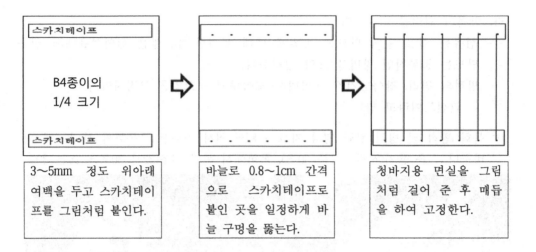

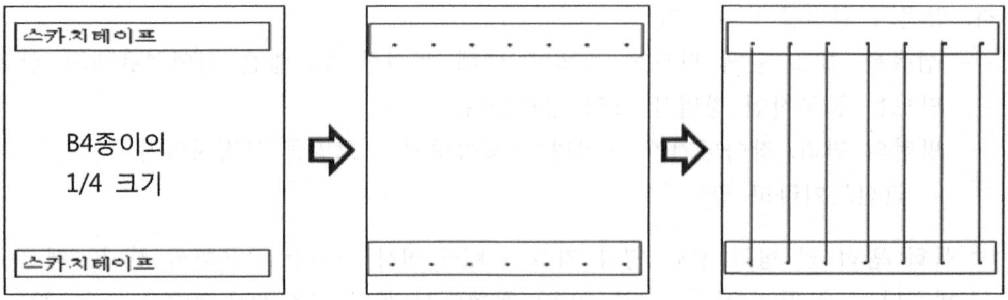
스카치테이프
B4종이의
1/4 크기
스카치테이프

3~5mm 정도 위아래 여백을 두고 스카치테이프를 그림처럼 붙인다.	바늘로 0.8~1cm 간격으로 스카치테이프로 붙인 곳을 일정하게 바늘 구멍을 뚫는다.	청바지용 면실을 그림처럼 걸어 준 후 매듭을 하여 고정한다.

다. 양탄자를 디자인한다.

- 씨실의 색이나 날실과 교차하는 방법을 이용하여 무늬를 디자인할 수 있다. 어떻게 디자인할지 상상하기 어려워하는 경우에는 날실과 교차하는 방법을 달리하여 직조해 보도록 하여 무늬가 변화하는 것을 경험하도록 한 후, 이를 디자인하여 적용하도록 한다. '학생용 활동자료'에 디자인 아이디어를 그림과 글로 표현한다.

  ☞ '학생용 활동자료'(붙임) : 나의 꿈을 싣고 나는 양탄자 - 개성 있는 텍스타일 디자인

라. 직조하여 내 꿈을 싣고 날아다니는 양탄자를 만든다.

- 실의 색상과 재질, 날실과 교차하는 방법 등을 다양하게 적용하여 나만의 내 꿈을 싣고 날아다니는 양탄자를 완성하도록 한다.
- 양탄자를 완성한 후 '학생용 활동자료'의 보고서 부분과 평가 부분을 작성한다.

※ 수직기를 이용한 직물

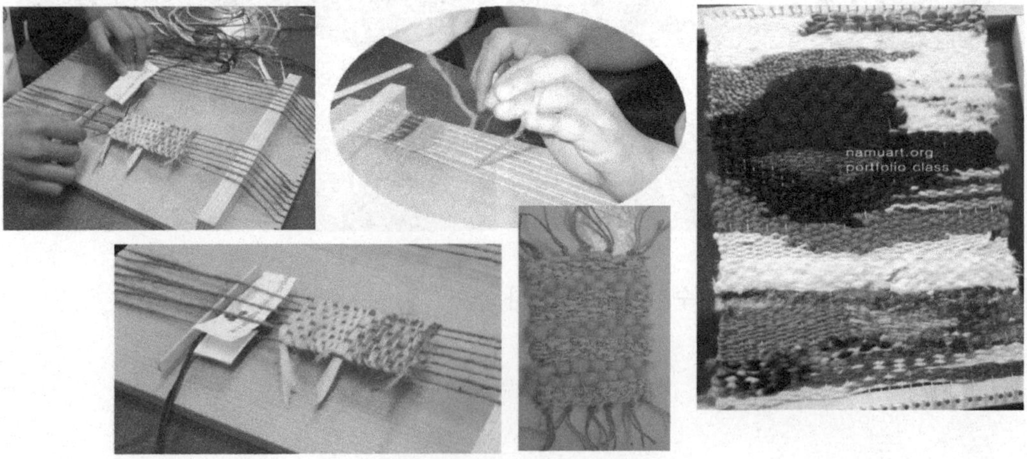
namuart.org
portfolio class

Tip: 캐릭터 디자인 과정에서 학생들이 참고 서적을 살펴보거나, 인터넷을 검색해볼 수 있도록 한다.

5. 자신이 만든 양탄자 소개하기
- '학생용 활동자료'의 기록을 토대로 제한된 시간(학급 인원수에 따라 30초, 1분 등)내에 자기가 만든 양탄자를 소개한다. 양탄자의 직조 방법과 무늬를 만들게 된 이유 등을 이야기한다.
  ☞ '학생용 활동자료' (붙임) : 나의 꿈을 싣고 나는 양탄자

6. 양탄자 디자인과 제작 소감 나누기
- 편안하고 자유로운 분위기 속에서 '학생용 활동자료'의 기록을 토대로 직물 패턴을 창안하고, 종이로 만든 수직기를 이용하여 양탄자를 만들면서 느낀 소감을 이야기하도록 한다.

7. 섬유와 관련된 직업 생각해 보기
- 섬유와 관련된 직업을 나열해 본다(브레인스토밍).
- 현대 사회에서 필요한 섬유 관련 직업을 나열해 본다(브레인스토밍).
- 수업 활동과 관련하여 자기 성찰일기를 써 본다.

Tip: 팀별로 또는 분단별로 칠판에 나와서 제한된 시간동안(1분) 쓰도록 하여, 짧은 시간에 학생들의 여러 생각들을 살펴볼 수 있도록 한다.

8. 텍스타일 디자이너와 패션 테크니컬 디자이너 소개하기
- 동영상의 일부와 참고자료 제시를 통해 텍스타일 디자이너와 패션 테크니컬디자이너의 정보를 안내하고, 이 직업을 가지기 위해 필요한 것과 더 알고 싶은 점에 대해 서로 이야기를 나눈다.

Tip: 직조 결과물과 천연섬유 보고서를 칠판에 자유롭게 게시하여 학급 친구들의 다양한 결과물을 비교하고 발전방향을 생각할 수 있도록 한다.

정리(10분)

1. 양탄자 관리 방법 안내하기
- 다양한 천연섬유로 만든 양탄자를 세탁할 경우, 될 수 있는 대로 중성세제를 사용하여 손빨래를 하고 탈수를 하여 모양을 바로잡은 후 건조하도록 안내한다.

2. 형성평가 실시하기

□ 학생 평가

○ 평가 방식

- 다양한 섬유와 실을 활용하여 직조패턴을 디자인하고, 양탄자를 만드는 전 과정에 대해 학생의 자기 평가와 교사의 관찰 평가를 실시한다.
- 자신이 만든 양탄자를 소개하는 발표와 경청하는 모습의 관찰을 통해 공감 능력을 평가한다.
- 양탄자의 제작 과정 및 완성작품에서 창의성과 직물 제작 능력을 평가한다.

○ 평가 기준

주요 역량	도달 기준
공감 능력	- 자신이 디자인한 양탄자에 애착을 느낀다. - 다른 학생이 만든 작품의 장점을 찾아내어 칭찬한다.
창의성	- 양탄자 직조 패턴이 신선하고 창의적이다. - 섬유와 실을 활용한 아이디어와 패턴 표현 방법이 창의적이다.
기술 능력	- 자신이 디자인한 양탄자를 잘 완성하였다. - 단단하게 매듭짓고 마무리를 깨끗하게 하여 양탄자가 튼튼하다.
자원 관리 능력	- 학습 준비가 잘 이루어졌다. - 재료를 낭비 없이 잘 활용하였다. - 완성 작품이 아름답고 쓸모가 있다.

□ 안전·유의 사항

○ 가위와 바늘을 사용할 때에는 베거나 찔리지 않도록 유의한다.

○ 바늘을 사용한 후에는 반드시 바늘집에 보관하여 찔리거나 분실하지 않도록 한다.

○ 실을 자를 때에는 손가락이나 이를 사용하면 다칠 수 있으므로, 반드시 가위를 사용하여 실을 자르도록 한다.

학생용 활동자료 | 나의 꿈을 싣고 나는 양탄자 |

반 번 이름

개성 있는 텍스타일 디자인	
만드는 방법	
준비물	
내 양탄자의 이름은? (이름 배경)	
수직기 아이디어 찾기	1. 2. 3.

	항목	상	중	하
자기 평가	· 학습 준비가 잘 이루어졌는가?			
	· 재료의 낭비가 없었는가?			
	· 아이디어와 표현 방법이 창의적인가?			
	· 직조가 적절한 방법으로 잘 되었는가?			
	· 적극적인 태도로 배우고 활동했는가?			
	· 완성 작품이 아름답고 쓸모가 있는가?			

이 활동을 통해 배운 점	1. 2. 3.
느낀 점	

교사용 참고자료 1 | 천연섬유 관찰 보고서 틀 만들기

학생 1명당 B4종이 1장, 짙은 색상의 A4 종이 1장씩 나누어 주고, 아래의 과정을 따라서 만들도록 지도한다.

1. 종이 준비하기

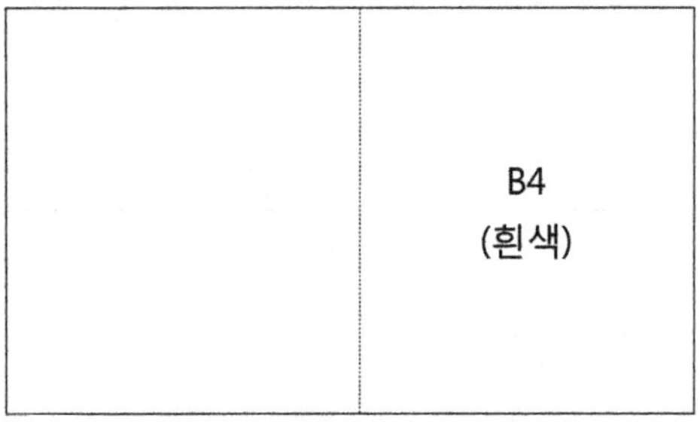
B4
(흰색)

B4종이는 1/2을 접었다가 편다.

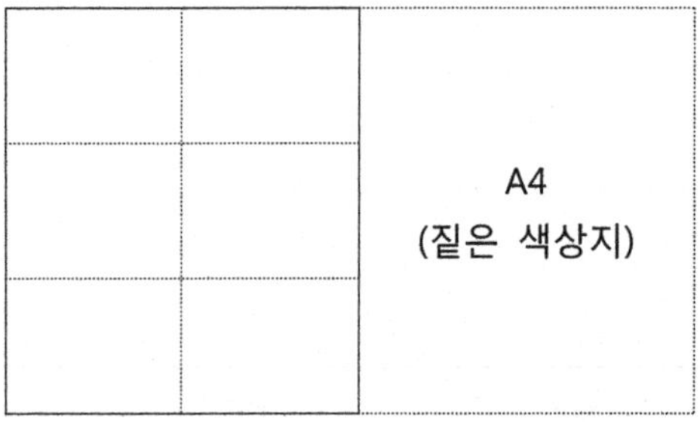
A4
(짙은 색상지)

A4 종이는 1/2로 자른 후 그림처럼 6등분하여 접었다가 편다. …… (가)

2. 보고서 틀 만들기

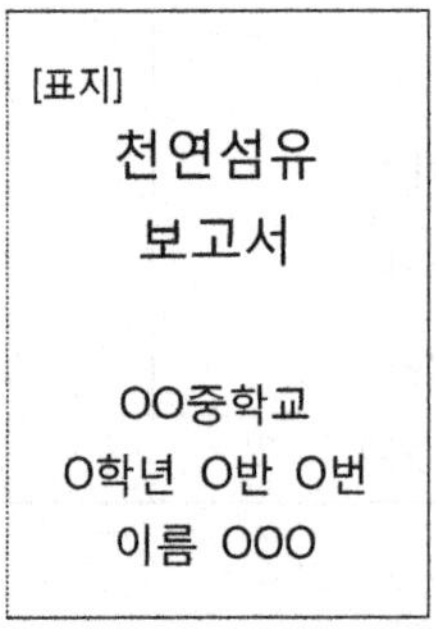
[표지]
천연섬유
보고서
OO중학교
O학년 O반 O번
이름 OOO

B4 종이를 반 접어 겉면에 표지를 만든다.

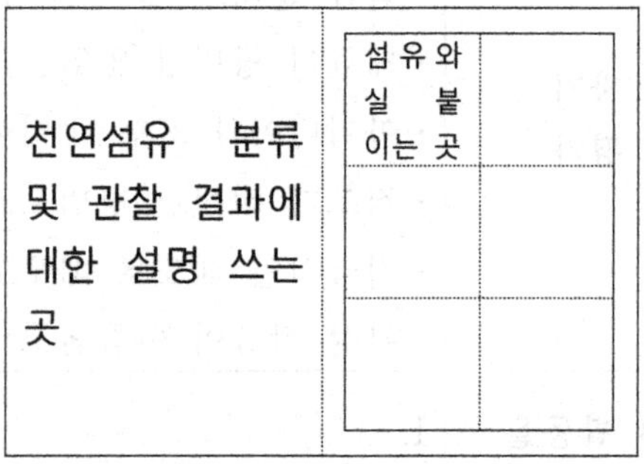
천연섬유 분류 및 관찰 결과에 대한 설명 쓰는 곳
섬유와 실 붙이는 곳

B4종이의 오른쪽에 A4종이로 만든 (가)를 붙인다.

교사용 참고자료 2 | 천연섬유와 직물 등 수업 도구 마련하기

1. 직물, 밀도경, 양모 슬라이버

품 명	규 격	수 량	단 위	예정 가격(단위: 원)	
				단 가	금 액
양모 100%	60인치	1	마	28,000	28,000
아크릴 100%	60인치	1	마	23,000	23,000
견 100%	44인치	2	마	14,000	28,000
면 100%	44인치	2	마	7,000	14,000
린넨 100%	44인치	2	마	13,000	26,000
모시 100%	14인치	4	마	8,500	34,000
삼베 100%	22인치	3	마	7,500	22,500
레이온 100%	44인치	2	마	8,000	16,000
아세테이트 100%	44인치	2	마	4,000	8,000
나일론 100%	56인치	1	마	6,000	6,000
폴리에스테르100%	44인치	2	마	4,000	8,000
밀도경	50mm×50mm	10	개	20,000	200,000
양모 슬라이버	1kg	1	kg	85,000	85,000
부가세	10%	1	건	49,850	49,850
배송료		1	건	5,000	5,000
합계					553,350

정직하게 연구하는 기업 솜베
The company with the purity of research and development

자료: 솜베 http://www.sombe.co.kr/

주소: 충청북도 청주시 상당구 내덕2동 201-31 청주첨단문화산업단지 3층 337호
전화번호: 043-295-6333

2. 목화솜 구입 : '목화솜 구입' 칠성면업사
주소: 676-805 경남 함양군 함양읍 용평리 607-23 임채장
전화번호: 055-963-2328 Fax) 055-964-0036
2011년 현재 100,000원/2kg …… 1kg 구입 가능(1kg 구입한 양으로 매년 10학급씩 수업할 경우 10년 이상 사용 가능)

3. 여러 직물 구입: 인터넷 사이트 - 원단나라, 원단천국, 원단숍 등

4. 누에고치 마련: 한국잠사박물관 043-236-1321/ 체험학습 문의 1566-1465
5월말～6월 중순과 8월말～9월 중순, '뽕잎 따서 누에 밥 주기' 체험 학습 시기에 누에 구입이 가능, 지역별 농촌진흥청 관련 기관에서 어린이 체험 활동으로 누에 기르기 체험 학습이 실시되는 경우 많음.

주제 4 : 캐릭터 디자이너와 외과 의사

□ 교수 · 학습 체계

수업 흐름	주요 학습 및 활동 내용	수업 및 활동 형태	시간
도입	- 바비, 키티, 그리고 뽀로로 소개 - 캐릭터 인형 제작과 외과 의사의 연관성 탐구 - 수업 목표 및 내용 제시 * 〈교사용 참고자료〉 활용 * 〈캐릭터 인형 또는 사진 자료〉 활용	동영상 시청, 스토리텔링	20분
캐릭터 인형 디자인	- 양말을 활용한 캐릭터 인형의 역사와 장점 소개 - 캐릭터 인형 디자인 * 〈학생용 활동자료 1〉 활용	스토리텔링, 개별 활동 (캐릭터 디자인)	15분
'패셔니스타 삭스돌' 만들기 안내	- 캐릭터 인형 제작방법 안내 - 캐릭터 인형 제작 재료 안내 - 손바느질 방법 안내 * 〈학생용 활동자료 1, 2〉 활용 * 〈도서, 동영상 자료〉 활용	동영상 시청, 강의 및 시범	20분
'패셔니스타 삭스돌' 제작	- 캐릭터 인형 제작 * 〈학생용 활동자료 1, 2〉 활용	체험 활동	90분
자신의 캐릭터 인형 소개 및 활동결과 발표	- 자신이 만든 캐릭터 인형 소개 - 캐릭터 디자인과 인형 제작 소감 발표 * 〈학습 결과물〉 활용	개인 발표	25분
디자이너 관련 직업(군) 탐색	- 캐릭터 디자이너와 외과의사 소개 * 〈동영상 자료〉 활용	동영상 시청, 브레인스토밍	10분
정리	- 캐릭터 인형 관리방법 안내 및 활동자료 정리 - 형성평가 실시 * 〈학생용 활동자료 1: 평가지〉 활용	교사 주도	10분

□ 교수 · 학습 목표

○ 교과 목표

- 양말 인형을 디자인할 수 있다.
- 손바느질을 활용해서 양말 인형을 창의적으로 만들 수 있다.

○ 진로역량 목표

- MⅠ 2.2.2 공감을 적절히 드러내며 타인과 의사소통할 수 있다.
- MⅢ 2.2.1 직업 체험을 통해 직업 정보를 수집할 수 있다.
- 손바느질을 활용한 캐릭터 인형 제작을 통해 창의력과 기술능력, 자원 관리 능력을 기를 수 있다.

□ 관련 직업(군)

○ (0851) 제품 디자이너

- 캐릭터 디자이너

'미키마우스', '라이언 킹', '우주소년 아톰', '아기공룡 둘리'와 각종 '아바타' 등은 자기만의 성격과 특징을 가지고 생명력을 갖는 형상을 그림이나 사진 등으로 표현한 캐릭터들이다. 캐릭터 디자이너는 기존의 인물이나 사물 등을 만화나 영화의 목적에 맞게 새로운 모습으로 디자인하는 사람이다. 캐릭터 디자인은 시각적인 형태를 디자인하는 것도 중요하지만, 캐릭터의 탄생에서 성장과정, 주변 캐릭터와의 관계 등 하나의 인격체를 창조하는 과정이라고 할 수 있다.

○ (0611) 전문 의사

- 외과의사

외과의사는 소화기, 두경부, 내분비, 유방 등의 장기에 대한 수술치료의 수행 및 전반적 치료 계획을 수립하고 시행한다. 환자를 검진하여 수술의 필요성을 확인하고, 수술 시 예상되는 환자의 위험 정도를 고려하여 적절한 수술 절차를 결정한다. 그리고 환자의 건강상태, 약물에 대한 반응 및 병력에 관한 보고서를 검토한다. 또 수술에 필요한 도구, 장비, 설비 등의 살균 상태와 방부제 처리 방법을 확인·점검하며, 고려된 최적의 방법으로 수술을 실시한다. 치료 결과를 확인하고 필요하면 재치료를 검토한다.

□ 준비물

○ 교사: 견본, 손바느질과 양말 인형 관련 책

○ 학생: 양말 1짝(디자인에 따라 한 켤레가 필요한 경우도 있음), 실, 바늘, 수성펜, 가위, 핀, 방울솜, 디자인에 따라 부속품(눈, 코, 꼬리, 넥타이 등)

Tip: 방울솜, 가위, 핀, 바늘, 실은 학교에서 준비하고, 학생들은 자신의 디자인에 따라 양말과 부속품을 준비하면 학생들의 참여를 높일 수 있다.

□ 교수 · 학습 내용

도입(20분)

1. 바비 인형, 키티, 그리고 뽀로로 이야기하기
   - 바비 인형, 키티, 뽀로로 등 캐릭터 인형의 실물 또는 이미지를 보여 주면서 캐릭터 스토리를 소개한다〔 '교사용 참고자료' (붙임) 참고〕.
   - 편안한 분위기에서 캐릭터가 어린이와 산업에 미친 영향에 대해 이야기한다.
     ☞ '교사용 참고자료' (붙임) : 바비와 키티, 그리고 뽀로로

☞ 바비 인형과 키티, 그리고 뽀로로

2. 캐릭터 인형 만들기 활동 안내하기
   - 양말을 활용하여 만든 다양한 캐릭터들의 실물이나 사진을 소개한다.
   - 청소년기에 옷차림을 통한 자기표현이 긍정적인 자아 정체감 형성에 도움이 됨을 강조하면서 '나의 친구 패셔니스타 삭스돌' 활동을 안내한다.

Tip: 사진보다 실물을 제시하면 학생들이 만져보고, 촉감을 느낄 수 있어서 동기 유발에 더욱 효과적이다.

3. 캐릭터 인형 만들기와 외과 의사의 연관성 찾기
- 양말로 캐릭터 인형을 만드는 과정과 외과 의사가 하는 일과의 연관성을 찾아본다.
- 양말을 활용하여 창의적인 캐릭터 인형을 창안하고, 외과 의사에게 필요한 손 바느질 기술에 대해 설명하며, 학습 목표를 안내한다.

전개(150분)

1. 양말 인형의 역사와 양말을 활용한 캐릭터 인형 만들기의 장점 이야기하기

○ 양말 인형의 역사를 이야기한다.

양말 인형의 유래는 미국 서부 개척 시대, 텍사스 지방의 한 할머니가 손녀에게 줄 크리스마스 선물이 없자, 할아버지가 신었던 '다 떨어진 양말로 인형을 만들어 준 데서 시작되었다고 한다. 요즈음에는 '양말(socks)과 '인형(doll)'을 결합했다는 뜻으로 콩글리시 '삭스돌'로도 불리어진다.

○ 양말을 활용한 캐릭터 인형 만들기의 장점을 묻고 답한다.
- 창의성을 기를 수 있다.
- 개성이 있는 캐릭터를 창안할 수 있다.
- 세상에 하나뿐인 인형을 만들 수 있다.
- 한 짝만 남은 양말을 재활용할 수 있다.
- 손바느질 실력이 늘 수 있다.
- 집중력을 기를 수 있다.
- 촉감이 좋고, 만든 후에 친근감을 느낄 수 있다.

2. 캐릭터 인형 디자인하기

- '학생용 활동자료 1' 주제에 맞고 개성이 있는 캐릭터를 디자인한다.

  ☞ '학생용 활동자료 1' (붙임): 나의 친구, 패셔니스타 삭스돌

3. 캐릭터 인형 만드는 방법 안내하기

- 동영상을 보면서 자신이 디자인한 캐릭터를 어떤 방법으로 만들 것인지 구상하면서 '학생용 활동자료 1' 에 적도록 한다.

☞ [양말 공예] 고린내 나는 양말도 변신할 권리는 있다(6분 53초).

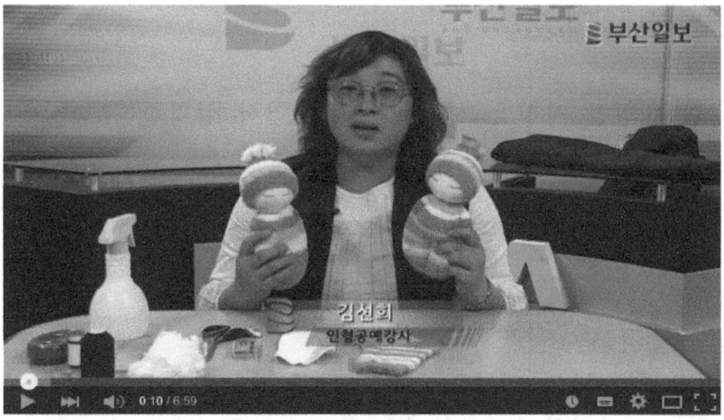
부산일보
김선희
인형공예강사
0:10 / 6:59

자료: https://www.youtube.com/watch?v=sNC1LOPKL_A

아델의 색깔있는 양말인형
DIY 신는 양말로 노는 인형 만들기
장갑&양말 인형만들기

Tip: 캐릭터 디자인 과정에서 학생들이 참고 서적을 살펴보거나, 인터넷을 검색해볼 수 있도록 한다.

4. 캐릭터 인형 만들기 재료 안내하기

○ 캐릭터 인형 만들기의 재료를 안내하고, 학생들에게 필요한 재료를 '학생용

활동자료 1' 에 적도록 한다.
- 양말: 캐릭터 디자인에 따라 한 짝, 또는 한 켤레를 준비한다.
- 재봉실: 양말의 색에 맞추어 준비한다.
- 바늘: 실의 굵기에 맞추어 준비한다.
- 방울솜: 인형에 폭신함과 부피를 주는 완충재 역할을 한다.
- 마름질 도구: 가위, 핀, 수성펜 등을 준비한다.
- 장식품: 캐릭터 디자인에 따라서 눈, 코 등을 만들 수 있는 단추, 자투리 옷감 등을 준비한다.

5. 손바느질 방법 안내하기

○ 바느질할 때 유의할 사항을 시범을 보여주면서 설명한다.
- 시작과 마무리할 때 꼭 매듭을 짓는다.
- 바늘땀이 너무 크면 솜이 빠져 나올 수 있으므로 바늘땀을 알맞게 한다.
☞ '학생용 활동자료 2' (붙임): 외과 의사가 되기 위한 첫걸음: 손바느질의 기초

6. 캐릭터 인형 만들기
- 만드는 방법을 참고하여 마름질 → 바느질 → 창구멍으로 뒤집기 → 솜 넣기 → 마무리의 과정으로 진행한다 〔 '학생용 활동자료 2' (붙임) 참고〕.
- 교사는 순회하면서 학생들의 질문에 답하고, 학생들의 문제 해결을 돕는다.

7. 자신이 만든 캐릭터 인형 소개하기
- 제한된 시간(학급 인원수에 따라 30초, 1분 등) 내에 자신이 만든 인형을 소개한다. 인형의 이름과 이름 짓게 된 배경, 인형의 장점을 이야기한다.

8. 캐릭터 디자인과 인형 제작 소감 나누기
- 편안하고 자유로운 분위기 속에서 캐릭터를 창안하고, 양말을 활용하여 인형을 만들면서 느낀 소감을 이야기하도록 한다.

9. 캐릭터 디자이너와 외과 의사 소개하기
- 동영상의 일부와 참고자료 제시를 통해 캐릭터 디자이너와 외과의사 직업의 정보를 안내하고, 이 직업을 가지기 위해 필요한 것과 더 알고 싶은 점에 대해 서로 이야기를 나눈다.

Tip: 동영상은 교사가 미리 확인한 후 2～3분 정도로 잘라서 필요한 부분만 시청하도록 한다.

☞ 캐릭터 디자이너 - YTN(6분 37초)

YTN
제이지
땅속에서 나온 두더지
힙합 가수 JAY-Z의 열혈팬
실명할까 봐 늘 선글라스를 낌
YTN NEWS

자료: https://www.youtube.com/watch?v=kAJMrzbZ7v4

☞ 내일을 잡아라, 성형외과의사 - 한국 고용정보원(13분 24초)

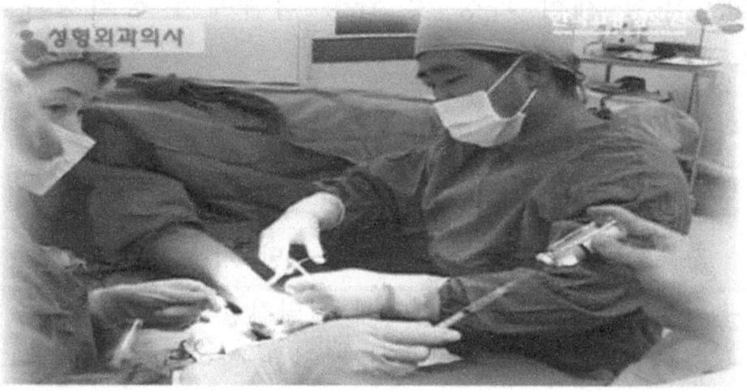
성형외과의사

자료: https://www.youtube.com/watch?v=ftl6J1RQ7FU

☞ 내일을 잡아라, 인형 디자이너 - 한국 고용정보원(5분 12초)

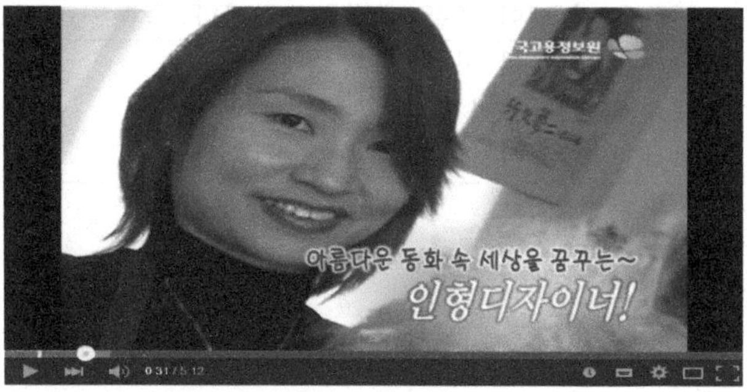
아름다운 동화 속 세상을 꿈꾸는~
인형디자이너!

자료: https://www.youtube.com/watch?v=6cUxSYL9gwQ

정리(10분)

1. 캐릭터 인형 관리 방법 안내 및 활동자료 정리하기
   - 양말로 만든 캐릭터 인형을 세탁할 때에는 될 수 있는 대로 중성 세제로 손빨래하도록 안내하고, ‘학생용 활동자료 1’을 작성하도록 한다.

☞ '학생용 활동자료 1' (붙임) : 나의 친구, 패셔니스타 삭스돌

2. 형성평가 실시하기

□ 학생 평가

○ 평가 방식

- 양말을 활용하여 캐릭터를 창안하고, 캐릭터 인형을 만드는 전 과정에 대해 학생의 자기 평가와 교사의 관찰 평가를 실시한다.
- 자신이 만든 캐릭터 인형을 소개하는 발표와 경청하는 모습의 관찰을 통해 공감 능력을 평가한다.
- 캐릭터 디자인 인형 제작 과정 및 완성 작품에서 창의성과 손바느질 및 인형 제작 능력을 평가한다.

○ 평가 기준

주요 역량	도달 기준
공감 능력	- 자신이 디자인한 캐릭터에 친밀감을 느낀다. - 다른 학생이 만든 작품의 장점을 찾아내어 칭찬한다.
창의성	- 캐릭터가 신선하고 창의적이다. - 양말 활용 아이디어와 패션 표현 방법이 창의적이다.
기술 능력	- 자신이 디자인한 캐릭터를 잘 표현할 수 있도록 바느질을 잘하였다. - 매듭을 잘 맺어 양말 인형이 튼튼하다.
자원 관리 능력	- 학습 준비가 잘 이루어졌다. - 재료를 낭비 없이 잘 활용하였다. - 완성 작품이 아름답고 쓸모가 있다.

□ 안전 · 유의 사항

○ 가위와 바늘을 사용할 때에는 베거나 찔리지 않도록 유의한다.

○ 바늘을 사용한 후에는 꼭 바늘집에 보관하여 찔리거나 분실하지 않도록 한다.

학생용 활동자료 1 | 나의 친구, 패셔니스타 삭스돌

반 번 이름

개성 있는 캐릭터 디자인	
만드는 방법 (자세하게) - 첨부 가능	출처:
준비물	
내 캐릭터의 이름은? (이름 배경)	
손바느질의 장점 찾기	1. 2. 3.

	항목	상	중	하
자기 평가	· 학습 준비가 잘 이루어졌는가?			
	· 재료의 낭비가 없었는가?			
	· 아이디어와 표현 방법이 창의적인가?			
	· 바느질이 적절한 방법으로 잘 되었는가?			
	· 적극적인 태도로 배우고 활동했는가?			
	· 완성 작품이 아름답고 쓸모가 있는가?			
이 활동을 통해 배운 점	1. 2. 3.			
느낀 점				

학생용 활동자료 2 | 외과 의사가 되기 위한 첫걸음: 손바느질의 기초

1. 매듭짓기

가. 시작 매듭: 바느질을 시작할 때 바늘에 실을 끼우고 그 끝에 매듭을 짓는다.

① 집게손가락에 실을 올리고 그 위에 바늘을 올린다.

② 긴 실을 바늘에 2~4번 정도 감아 준다.

③ 감긴 실을 엄지와 집게손가락으로 잡고 바늘을 당긴다.

④ 바늘을 끝까지 당기면 잡고 있는 부분에 매듭이 생긴다.

나. 끝매듭: 바느질을 마칠 때 마무리 부분에 바늘을 대고 실을 감아 매듭을 짓는다.

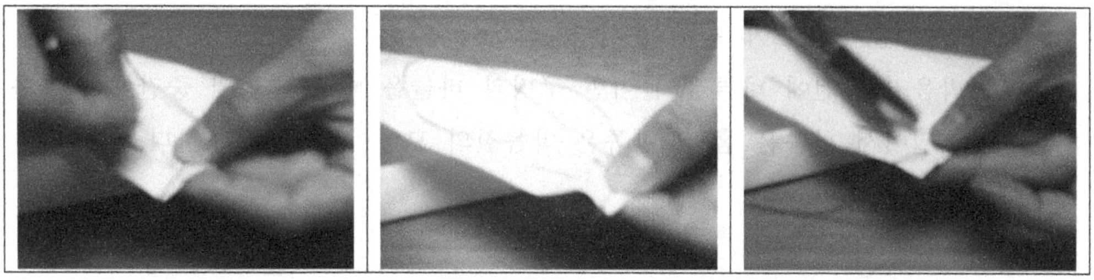

2. 기초 바느질 방법

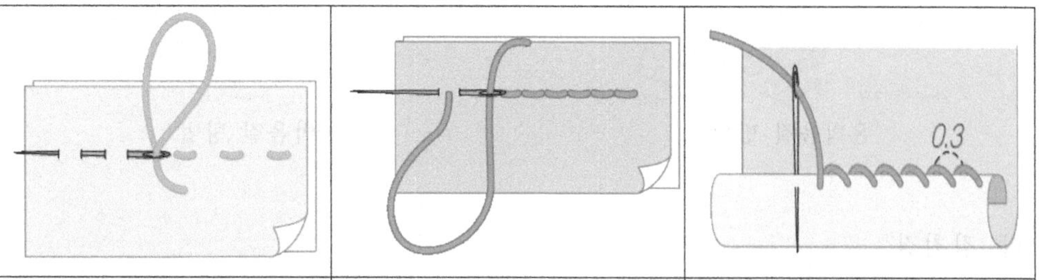
0.3

홈질	박음질	감침질

가. 홈질

1) 홈질이란?

- 손바느질의 가장 기본이 되는 바느질 방법으로 2장의 헝겊을 이을 때, 옷의 터진 곳이나 구멍 난 곳을 기울 때 많이 사용한다.

2) 홈질의 방법

- 완성선을 따라 0.3~0.5cm 땀으로 바느질한다.
- 겉과 안을 거의 같은 길이의 바늘땀으로 한꺼번에 3~5땀씩 연속으로 떠서 실을 잡아당긴다.

나. 박음질

1) 박음질이란?

- 가장 튼튼한 손바느질로 바늘땀을 한 땀만큼 완전히 뒤로 돌아와 뜨는 것인데, 겉은 재봉틀 바느질한 모양과 같이 튼튼하게 된다. 두꺼운 옷감이나 바짓단 등을 튼튼하게 꿰맬 때, 또는 재봉틀 바느질 대신 손으로 꿰맬 때 이용한다.

2) 박음질 방법

- 온박음질은 전에 바늘 뽑은 구멍에 다시 바늘을 들이밀어서 앞으로 한 땀을 간다. 겉자락이 줄어들지 않도록 안팎 두 겹을 꼭 쥐고 바늘을 충분히 내밀어 올이 바르게 꿰어야 한다.
- 반박음질은 전에 바늘을 들이민 구멍과 바늘을 빼낸 구멍의 중간에 바늘을 들이밀어서 한쪽은 홈질, 한쪽은 박음질의 모양이 나타나게 한다.

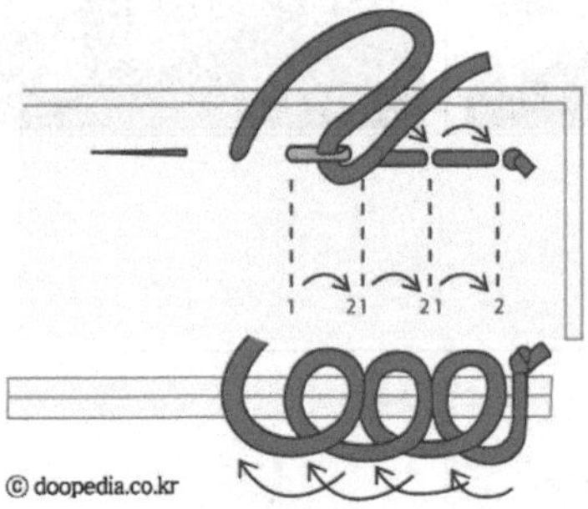
1
21
21
2
© doopedia.co.kr
온박음질 방법

1
2 1
2 1
2
© doopedia.co.kr
반박음질 방법

다. 감침질

1) 감침질이란?

- 사선으로 바느질선이 생기는 바느질법으로 천 가장자리의 올 풀림을 방지하거나, 창구멍을 바느질하거나, 천과 다른 색으로 장식하는 데 쓰인다.

2) 감침질 방법

- 안쪽에서 감칠 때에는 바늘을 곧게 세워 뜨고, 실밥이 어슷하게 나타나도록 한다.
- 겉에서 감칠 때에는 실밥이 작게 나오도록 바늘을 어슷하게 꽂아 뜬다.

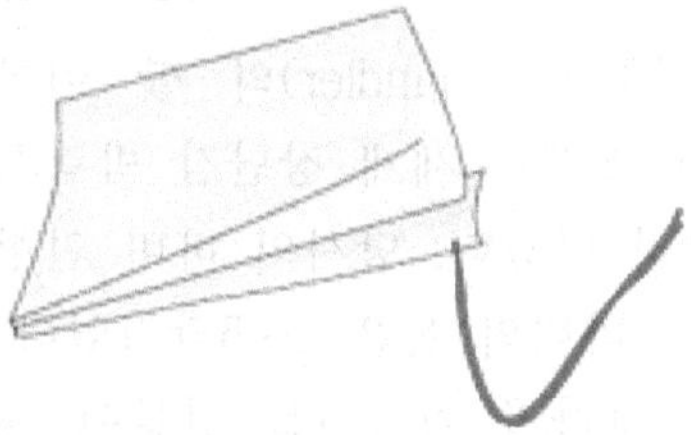

1. 홑 감의 경우 두 번 접은 후, 두 직물의 경우 끝 단을 마주 댄다. 바늘을 통과시킨다.

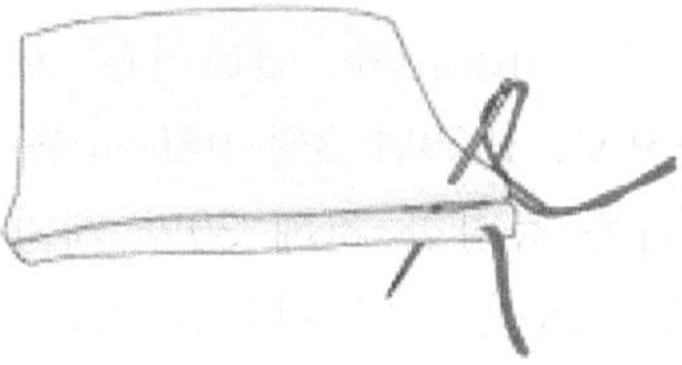

2. 바늘을 위에서 아래로 (사선으로) 통과시킨다.

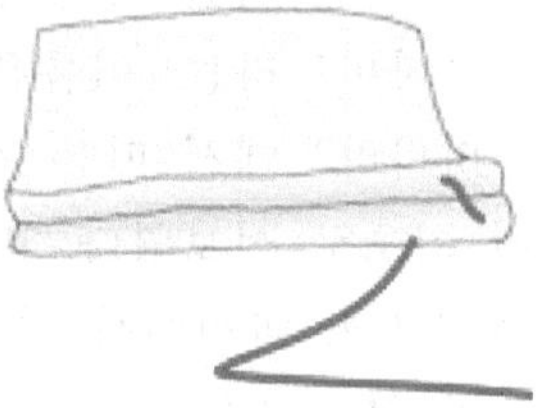

3. 완성된 모양

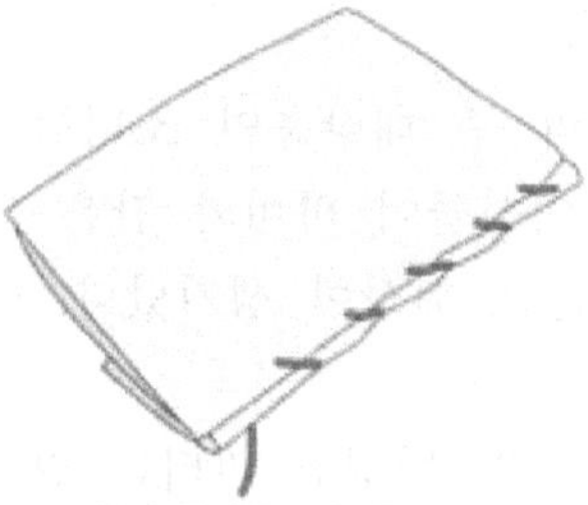

4. 1-2번을 반복한다.

교사용 참고자료 | 바비와 키티, 그리고 뽀로로

어느덧 탄생 반세기를 훌쩍 넘어선 바비(Barbie). 소녀들의, 또 성인 여성들의 마음을 꾸준히 사로잡아 온 인형이다. 인형이라고 분류하기 무색할 만큼 세계적인 인기와 명성 또한 누리고 있으며, 비현실적으로 마른 몸매와 '섹시함'을 강조한 외모로 거센 비난 역시 받아 왔다.

'바비'라는 이름은 루스(Ruth)와 엘리어트 핸들러(Elliot Handler)의 딸 이름 '바바라'에서 따온 것으로, 1959년 3월 9일 뉴욕에서 열렸던 세계 장난감 박람회에 최초로 선보였다. 바비는 등장한 첫해 30만 개가 팔려 나갔다. 당시의 바비 인형은 3달러, 파리에서 선보인 최신 유행 패션을 따라 만든 바비의 옷은 1~5달러였다.

바비의 가장 큰 성공 비결은 '스토리텔링'이었다. 갖가지 이야기를 만들어 내고 변화를 주면서, 바비가 마치 '이 세상에 존재하는 여성'처럼 만들었다. 또 바비의 인기 요소로 패션을 빼놓을 수 없다. 마텔사(社)는 당대 유행하는 스타일들을 그대로 바비의 의상에 적용했다.

그러나 과도하게 비정상적인 바비의 날씬한 몸매는 바비의 주 대상층인 소녀들에게, 또 때로는 성인 여성들에게도 영향을 미쳤다. 소녀와 여성들이 바비와 같은 외모를 갖기 위해 다이어트를 하고, 성형 수술도 마다하지 않는 현상이 생겨났다. 이른바 '바비 신드롬(Barbie Syndrome)'이다.

세계적으로 성공한 캐릭터 중 하나인 일본의 키티(Kitty). 1974년생인 키티는 일본에서 만들어진 캐릭터 중에서도 가장 비싼 것으로 손꼽힌다. 연간 시장 규모가 3,500억 달러에 달한다. 하지만 2003년생인 뽀로로가 약 7년 만에 이를 따라잡았다고 한다. 뽀로로는 머리에 조종사 모자와 고글(goggles)을 쓴 펭귄이다.

순수 한국 토종 캐릭터들로 만들어졌음에도 불구하고 뽀로로가 등장하는 '뽀롱뽀롱 뽀로로'는 2004년 프랑스 최대 지상파 채널인 TFI에서 57%의 평균 시청률을 기록하였으며, 2007년에는 '아랍권의 CNN'으로 불리는 알자지라 방송에까지 방영이 되면서 전 세계 82개국에 수출되었다. 이로써 뽀로로는 우리만의 우상에서 그치지 않고 세계의 우상으로 자리 잡아 가고 있다. 덕분에 우리는 한국의 어린이들뿐만 아니라 프랑스나 미국, 중국 등의 어린이들도 알아보는 캐릭터를 가지게 되었다.

뽀로로의 여러 캐릭터들은 인형은 물론 2,000가지가 넘는 상품에 적용되어 어린이들의 일상생활에 깊숙이 파고들고 있고, 공연이나 영상 등 여타의 산업 분야로도 계속 확장일로에 있다. 이 같은 성공은 캐릭터나 애니메이션 산업의 가능성에 눈뜨게 하는 계기를 만들었다. 이 작고 귀여운 펭귄 한 마리가 안겨 주는 꿈과 희망은 결코 어린이들만의 것이 아닌 셈이다.

자료: 1. 유만찬, 김진경(2013). 갖고 싶은 세계의 인형, 바다출판사.
2. 최경원, http://navercast.naver.com/contents.nhn?rid=59&contents_id=1767

주제 5 : 모자 뜨기로 시작하는 국제구호활동

□ 교수 · 학습 체계

수업 흐름	주요 학습 및 활동 내용	수업 및 활동 형태	시간
도입	- 모자가 유아 사망률을 줄이는 이유 토의 - 수업 목표 및 내용 제시 * 〈학생용 활동자료 1〉 활용 * 〈동영상 자료〉 활용	토의, 동영상 시청	15분
관련 직업(군) 탐색	- 지구촌의 어려운 이웃을 돕는 직업 탐색 * 〈학생용 활동자료 1〉 활용	스토리텔링	5분
모자 뜨기 시범과 연습	- 모자 뜨기의 기초, 코 잡기 시범 및 연습 * 〈학생용 활동자료 2〉 활용 * 〈동영상 자료〉 활용	강의 및 시범, 동영상 시청, 연습	20분
생명을 살리는 모자 뜨기	- 생명을 살리는 모자 뜨기 - 마무리 및 세탁 방법 안내 * 〈학생용 활동자료 2〉 활용 * 〈동영상 자료〉 활용	동영상 시청, 체험 활동 (모자 뜨기)	120분
관련 직업(군) 역량 토의	- 지구촌의 어려운 이웃을 돕는 직업에 필요한 것 토의 * 〈동영상 자료〉 활용	동영상 시청, 토의	10분
정리	- 생명을 살리는 모자 뜨기 소감 발표 - 형성평가 실시 * 〈학생용 활동자료 2: 평가지〉 활용	개인 발표, 교사 주도	10분
추후 활동	- 생명을 살리는 모자 전달	현장 실천	수업 후

□ 교수 · 학습 목표

○ 교과 목표

- 의복의 신체 보호 기능을 설명할 수 있다.
- 나눔의 실천을 통해 자아 존중감을 높이고, 긍정적인 자아 정체감을 형성할 수 있다.

○ 진로역량 목표

- MⅠ 1.1 자아 존중감을 가지고 스스로를 돌보는 능력을 함양한다.
- 생명을 살리는 모자 뜨기를 통해 국제구호활동가에 대한 직업 정보를 수집할 수 있다.
- 모자를 뜨고 국제구호기관에 보내는 과정을 통해 자기 이해 능력, 대인 관계 능력, 자원 관리 능력을 기를 수 있다.

□ 관련 직업(군)

○ (0714) 시민단체 활동가

- 사회단체 활동가

사회단체활동가는 활동하는 분야에 따라 시민운동가, 인권운동가, 통일운동가, 환경운동가 등으로 불린다. 이들은 정치, 복지, 주택, 고용, 여성, 청소년, 건강 등 사회 문제와 관련된 사회단체, 봉사단체, 시민단체에서 사회 개발 계획을 수립하고 집행하는 업무를 수행한다. 사회단체 활동을 하는 사람 중에는 변호사나 대학교수 등이 많은데, 이들은 대부분 비상근 자문 역할을 담당한다. 또 상근직이 아닌 다른 직업을 가지고 있으면서 자원봉사자로 활동하는 사람도 많이 있다.

○ (0729) 기타 사회 복지 관련 종사원

○ 국제기구 직원

유엔 및 각종 국제기구에 소속되어 주어진 공무를 수행하는 직원을 국제공무원 또는 국제기구 직원이라고 한다. 국제기구 직원은 해외의 동종 기관 및 관련 국제기구와의 과학 기술 협력 증진을 위해 인력 및 정보를 교류하고, 기관 간 협력 약정을 체결한다. 수행 직무로는 대외 협력을 위한 단기 · 중기 · 장기 계획을 수립하고, 해외 동종 기관 및 국제기구 담당자와 사업에 대해 협의하는 일을 한다. 또 선진 연구자의 초청과 국제 학술 행사 등을 기획·실시하고, 연구 업무 수행에 관련된 행정 업무를 수행하기도 하며, 외국 연구원들의 기관 방문 시 안내한다.

□ 준비물

○ 교사: 견본, 컴퓨터, 빔 프로젝터

○ 학생: 필기도구, 실, 대바늘, 가위

Tip: 모자 뜨기에 사용하는 실은 순모나 순면이다. 학생들이 개별적으로 구입하거나 학교에서 단체로 구입하여 수업을 운영할 수 있다. 손수 뜬 모자를 외국 신생아에게 보내어 국제구호활동에 실제로 참여하기 위해서는 해당 국제구호단체에서 판매하는 재료를 구입하여 제작한 후 국제구호단체에 보내면 된다. 별도의 실을 구입하여 뜬 경우에도 해당 캠페인 담당자에게 문의하여 국제구호활동에 동참할 수 있다.

□ 교수·학습 내용

도입(15분)

1. 모자가 유아 사망률을 줄이는 이유 토의하기
 - '학생용 활동자료 1'을 중심으로 지구촌 문제 해결을 위한 새천년 개발 목표 8가지를 알아보고, 그중에서 모자가 유아 사망률을 줄이는 이유가 무엇인지 토의한다.
 - 털모자의 기능에 대해 보충 설명을 한다.

Tip: 의복의 신체 보호 기능과 연결하여 털모자가 신생아의 체온을 따뜻하게 유지하고, 저체온이나 감기, 폐렴으로부터 생명을 지킬 수 있음을 이해하도록 한다.

2. 수업 목표 및 내용 제시하기
 - 관련 영상 자료를 시청한 후, 생명을 살리는 모자 뜨기를 통하여 국제구호활동을 직접 실천해 봄을 안내한다.

☞ 세이브더칠드런 [모자 뜨기 캠페인] 기적의 손을 찾습니다.(1분 40초)

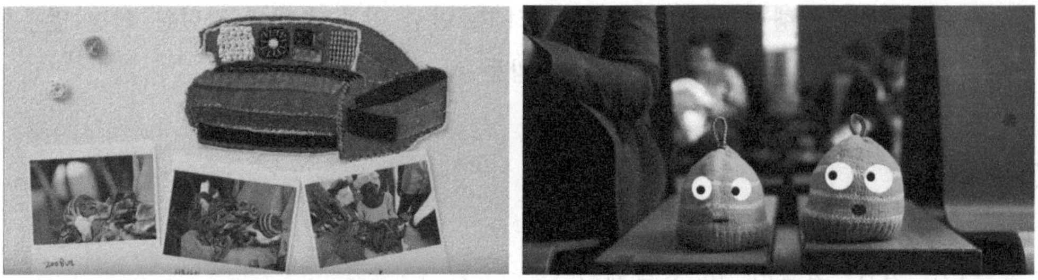

자료: https://www.youtube.com/watch?v=kYYXQpPe9aw

전개(155분)

1. 지구촌의 어려운 이웃을 돕는 직업 탐색하기
   - 지구촌 어려운 이웃을 돕는 직업에는 어떤 것이 있는지 '학생용 활동자료 1'의 만화를 보고 찾아서 이야기를 나눈다.
     ☞ '학생용 활동자료 1' (붙임): 지구촌 이웃을 돕는 직업

2. 모자 뜨기의 기초, 코 잡기
   - '학생용 활동자료 2'를 참고하도록 하고, 시범을 보이면서 설명한다.
   - 동영상을 반복하여 시청하도록 한 후, 순회하면서 개별 지도한다.
     ☞ '학생용 활동자료 2' (붙임): 생명을 살리는 모자 뜨기

☞ 뜨개질 교습소 제1강. 코뜨기 - 세이브더칠드런(2분 28초)

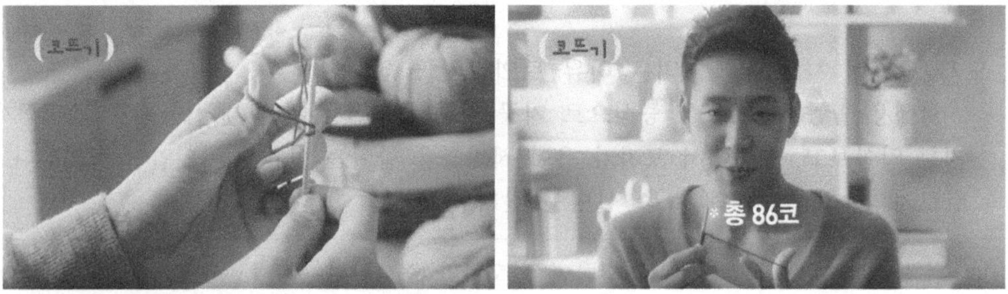
코뜨기
코뜨기
*총 86코

자료: https://www.youtube.com/watch?v=Zsf5jgm_vOI

Tip: 학생들의 수준에 따라 진도를 개별화하여 진행하며, 먼저 습득한 학생이 다른 학생들을 가르쳐 주도록 하여 학생들 간 친밀감을 증진시키고, 의사소통이 원활하게 이루어지도록 한다.

3. 생명을 살리는 모자 뜨기
   - 자신이 할 수 있는 난이도의 모자를 선택하여 뜨도록 한다.

- 개별적으로 설명하기 전에 동영상을 통해 안내하고, 이후 많은 학생들의 진도에 맞추어 ①, ②, ③, ④의 순서로 동영상을 제공함으로써 학생들이 동영상을 보면서 따라 하거나 교사 또는 친구들에게 배워서 모자를 뜨도록 한다.

Tip: 1. 중급 도안을 중심으로 지도하며, 너무 어려워하는 경우에는 초급, 또는 네모난 모양의 담요를 뜨도록 지도한다.
2. 생명을 살리는 모자 뜨기 소요 시간은 학교 여건에 따라 조절하여 운영한다.

☞ 뜨개질 교습소 제2강. 가터 뜨기 - 세이브더칠드런(2분)

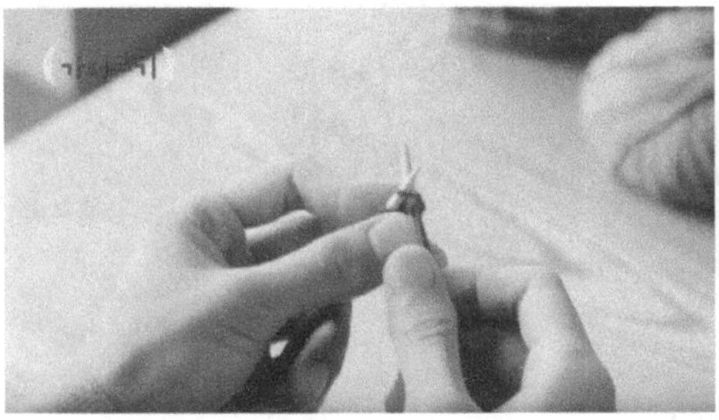

*가터뜨기 12줄

자료: https://www.youtube.com/watch?v=GJP6RhzCqPw

☞ 뜨개질 교습소 제3강. 메리야스 뜨기 - 세이브더칠드런(2분 49초)

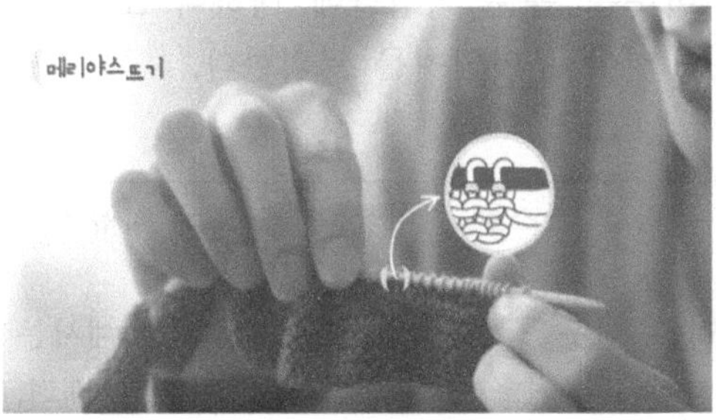
메리야스뜨기
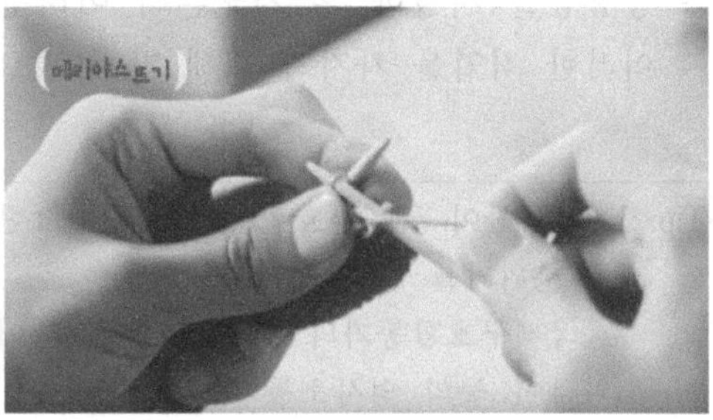
메리야스뜨기

자료: https://www.youtube.com/watch?v=kivrK4w8laE

☞ 뜨개질 교습소 제4강. 코 줄이기 - 세이브더칠드런(2분 51초)

첫표시 이후부터
14코 다음에 또 표시!
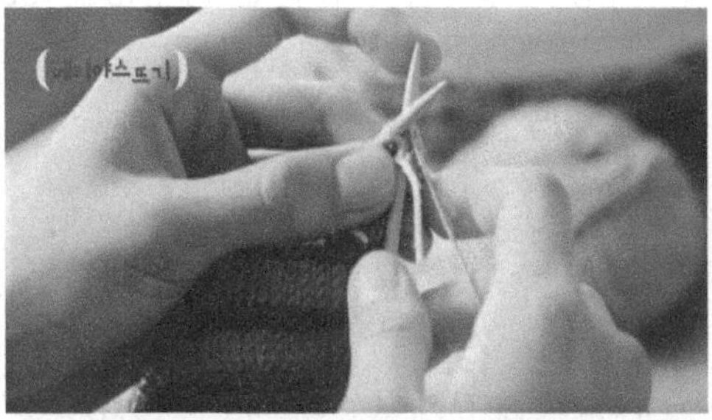
메리야스뜨기

자료: https://www.youtube.com/watch?v=wlt9j93cfJA

4. 마무리 및 세탁 방법 안내하기

- 모자는 마무리한 후 찬물에 샴푸로 주물러 빨도록 안내한다.
- 이유는 신생아의 생명을 보호해 줄 모자로서 깨끗해야 하며, 100% 모섬유의 특성상 뜨거운 물에 빨면 축융 현상이 일어나 줄어들기 때문에 찬물에 중성 세제로 빨아야 함을 강조한다.
- 깨끗한 마른 수건 위에 눕혀서 완전히 말린 후 비닐봉투에 넣어야 함을 안내한다. 배송 기간이 오래 걸리기 때문에 덜 마른 경우에는 곰팡이가 생길 수 있다는 것을 이해하게 한다.

☞ 뜨개질 교습소 제5강. 마무리하기 - 세이브더칠드런(4분)

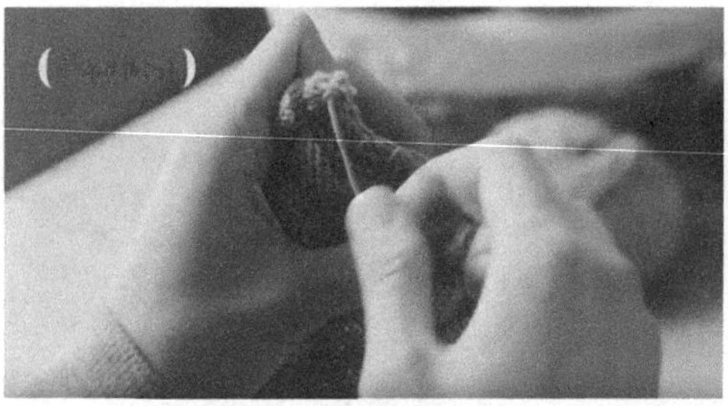

마무리하기

자료: https://www.youtube.com/watch?v=dbLde5XFHGA

5. 지구촌의 어려운 이웃을 돕는 직업을 가지기 위해 필요한 것 토의하기

- 동영상을 시청한 후 지구촌의 어려운 이웃을 돕는 직업들에 대하여 소개하고, 이러한 직업을 가지기 위해 가장 필요한 것이 무엇인지를 토의한다.

Tip: 1. 학생들이 국제구호활동가에게 필요한 역량을 스스로 찾아볼 수 있도록 자유스러운 분위기를 형성한다.
2. 국제구호활동가와 같이 지구촌의 어려운 이웃을 돕는 직업을 가지기 위해서는 외국어 등의 의사소통 능력과 전문적 지식은 물론, 타 문화에 대한 존중과 배려, 타인을 돕는 열정이 있어야 함을 인식하도록 한다.

☞ 바람의 딸, 한비야가 본 세상(3분 58초)

한비야는
긴급구호팀장이다.

그 불을 옆 사람에게,
또 그 옆 사람에게 옮겨 주고 싶다.

자료: https://www.youtube.com/watch?v=DEU1WrtYHdU

☞ 국제구호활동가, 한비야 - YTN(37 분 17 초)

만나고 싶은 사람
오늘의 출연자
한비야
YTN science

자료: https://www.youtube.com/watch?v=gEY7sxyD7MI

Tip: 관련 영상 자료는 수업 전에 교사가 먼저 확인하여 토의에 필요한 부분을 중심으로 발췌하여 보여 준다.

정리(10분)

1. 생명을 살리는 모자 뜨기 자기 평가와 소감 나누기
   - '학생용 활동자료 2' 를 이용하여 자기 평가를 실시한다.
   - 이 활동을 통해 배우고 느낀 점을 서술한 후, 연계하여 편안하고 자유로운 분위기 속에서 이야기하도록 한다.
     ☞ '학생용 활동자료 2' (붙임): 생명을 살리는 모자 뜨기

2. 형성평가 실시하기

3. 생명을 살리는 모자 전달하기(수업 후)
   - 완성한 모자는 차가운 물에 깨끗이 세탁 · 건조한 후 개별 포장한 후 지구촌 아이들의 생명을 살릴 수 있도록 NGO 단체에 보낸다.
   - 추후 모자가 어느 지역으로 발송되어 어떻게 활용되었는지 학생들에게 안내하고, 국제구호활동에 참여하였음을 인식하도록 한다.

□ 학생 평가

○ 평가 방식

- 생명을 살리는 모자 뜨기의 전 과정에 대해 학생의 자기 평가와 교사의 관찰 평가를 함께 실시한다.
- 생명을 살리는 모자 뜨기 과정과 수업에서 배우고 느낀 점의 서술과 발표를 통해 자기 이해 능력, 대인 관계 능력, 자원 관리 능력을 평가한다.
- 모자를 뜨는 과정에서 교수자와 학습자(교사와 학생, 학생과 학생, 학생과 가족 등) 사이의 일대일 의사소통이 필요하다. 이를 통해 의사소통과 대인 관계 능력을 증진시킬 수 있다.

○ 평가 기준

주요 역량	도달 기준
자기 이해 능력	- 생명의 소중함을 배우고 실천하였다. - 나눔의 실천을 통해 자아 존중감이 높아졌다. - 자신과 타인을 돌보는 마음가짐을 가졌다.
대인 관계 능력	- 모자 뜨기를 하면서 친구, 가족과 의사소통을 잘 하였다. - 교사와 친구, 가족 간에 모자 뜨기를 배우고 가르치면서 친밀감이 높아졌다. - 상황별로 상대방을 존중하며 대인 관계를 맺었다.
자원 관리 능력	- 재료를 낭비 없이 잘 활용하였다. - 대바늘뜨기의 특성을 살려 필요한 용품을 만들었다. - 재료의 특성에 따라 세탁과 관리를 잘 하였다.

□ 안전 · 유의 사항

○ 대바늘을 사용할 때에는 자신이나 다른 사람의 눈을 찌르지 않도록 조심한다.

○ 가위를 사용할 때에는 손을 베지 않도록 주의하고, 부주의로 다른 물건을 자르지 않도록 주변의 물건을 잘 정리한다.

학생용 활동자료 1 | 지구촌 이웃을 돕는 직업

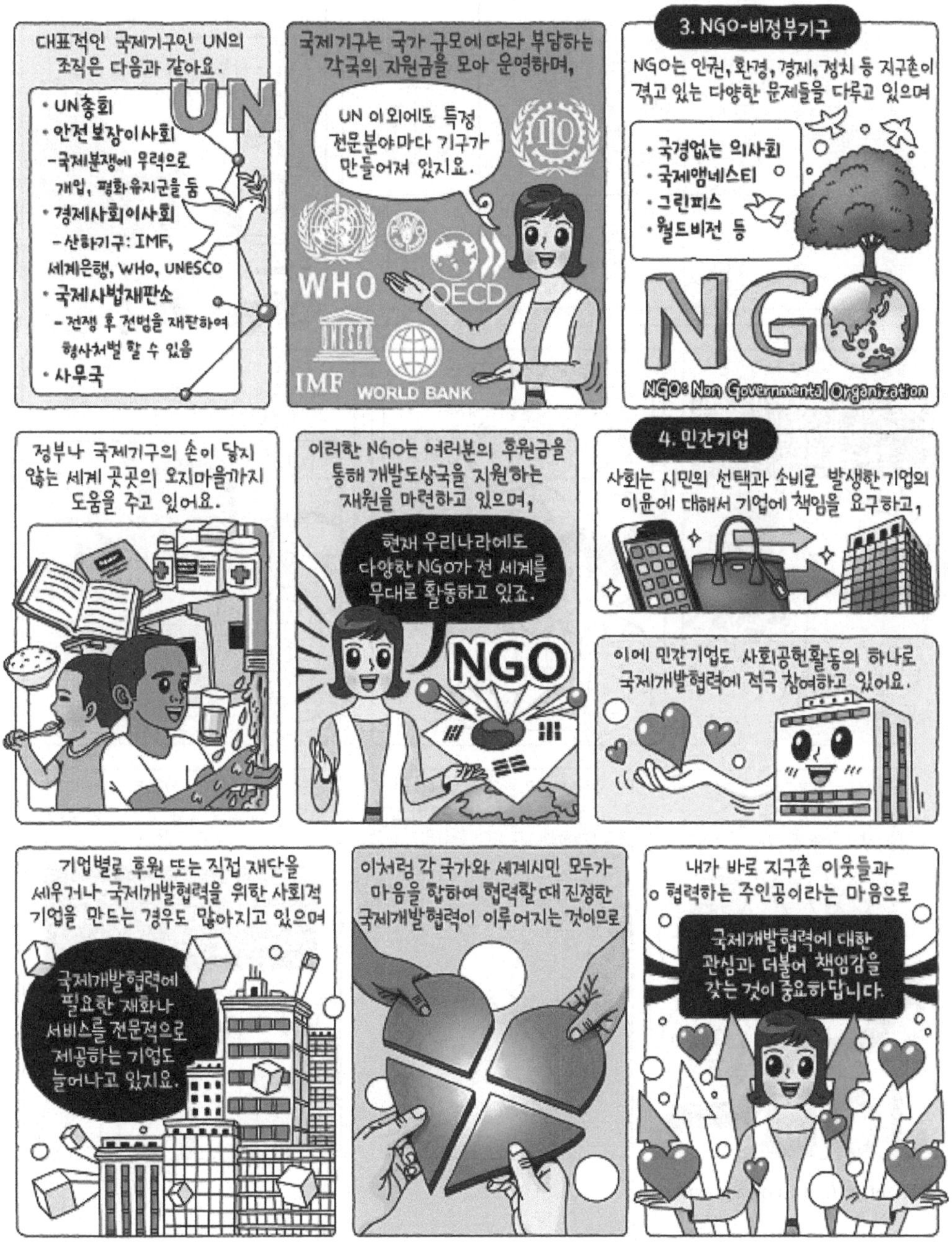

대표적인 국제기구인 UN의 조직은 다음과 같아요.
UN
• UN총회
• 안전보장이사회
-국제분쟁에 무력으로 개입, 평화유지군을 둠
• 경제사회이사회
-산하기구: IMF, 세계은행, WHO, UNESCO
• 국제사법재판소
-전쟁 후 전범을 재판하여 형사처벌 할 수 있음
• 사무국
국제기구는 국가 규모에 따라 부담하는 각국의 자원금을 모아 운영하며,
UN 이외에도 특정 전문분야마다 기구가 만들어져 있지요.
ILO
WHO
OECD
UNESCO
IMF
WORLD BANK
3. NGO-비정부기구
NGO는 인권, 환경, 경제, 정치 등 지구촌이 겪고 있는 다양한 문제들을 다루고 있으며
• 국경없는 의사회
• 국제앰네스티
• 그린피스
• 월드비전 등
NGO
NGO: Non Governmental Organization
정부나 국제기구의 손이 닿지 않는 세계 곳곳의 오지마을까지 도움을 주고 있어요.
이러한 NGO는 여러분의 후원금을 통해 개발도상국을 지원하는 재원을 마련하고 있으며,
현재 우리나라에도 다양한 NGO가 전 세계를 무대로 활동하고 있죠.
NGO
4. 민간기업
사회는 시민의 선택과 소비로 발생한 기업의 이윤에 대해서 기업에 책임을 요구하고,
이에 민간기업도 사회공헌활동의 하나로 국제개발협력에 적극 참여하고 있어요.
기업별로 후원 또는 직접 재단을 세우거나 국제개발협력을 위한 사회적 기업을 만드는 경우도 많아지고 있으며
국제개발협력에 필요한 재화나 서비스를 전문적으로 제공하는 기업도 늘어나고 있지요.
이처럼 각 국가와 세계시민 모두가 마음을 합하여 협력할 때 진정한 국제개발협력이 이루어지는 것이므로
내가 바로 지구촌 이웃들과 협력하는 주인공이라는 마음으로
국제개발협력에 대한 관심과 더불어 책임감을 갖는 것이 중요하답니다.

자료: http://www.koica.go.kr/

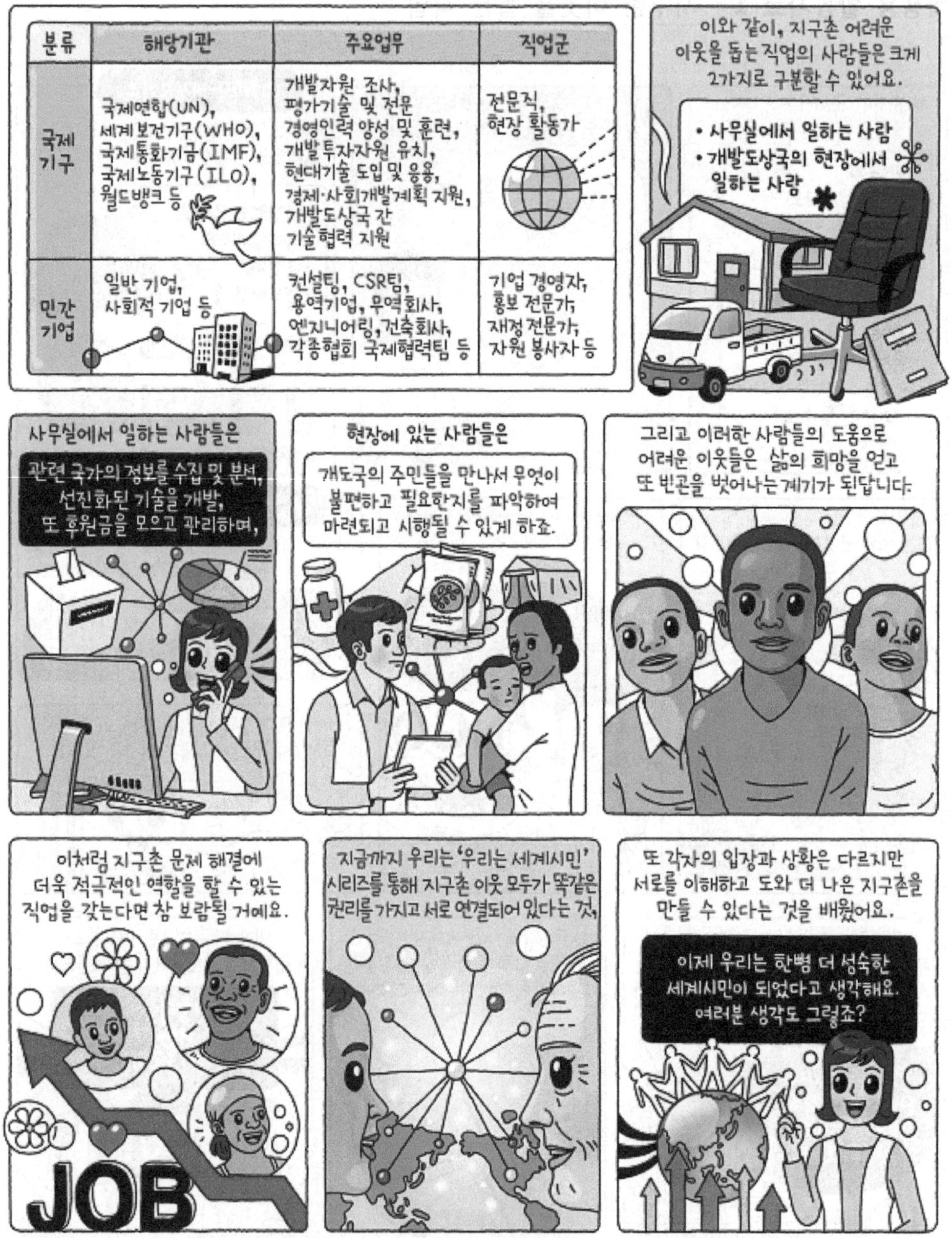
분류 | 해당기관 | 주요업무 | 직업군
국제기구 | 국제연합(UN), 세계보건기구(WHO), 국제통화기금(IMF), 국제노동기구(ILO), 월드뱅크 등 | 개발자원 조사, 평가기술 및 전문 경영인력 양성 및 훈련, 개발투자자원 유치, 현대기술 도입 및 응용, 경제·사회개발계획 지원, 개발도상국 간 기술협력 지원 | 전문직, 현장 활동가
민간기업 | 일반 기업, 사회적 기업 등 | 컨설팅, CSR팀, 용역기업, 무역회사, 엔지니어링, 건축회사, 각종협회 국제협력팀 등 | 기업 경영자, 홍보 전문가, 재정 전문가, 자원 봉사자 등
이와 같이, 지구촌 어려운 이웃을 돕는 직업의 사람들은 크게 2가지로 구분할 수 있어요.
• 사무실에서 일하는 사람
• 개발도상국의 현장에서 일하는 사람
사무실에서 일하는 사람들은
관련 국가의 정보를 수집 및 분석, 선진화된 기술을 개발, 또 후원금을 모으고 관리하며,
현장에 있는 사람들은
개도국의 주민들을 만나서 무엇이 불편하고 필요한지를 파악하여 마련되고 시행될 수 있게 하죠.
그리고 이러한 사람들의 도움으로 어려운 이웃들은 삶의 희망을 얻고 또 빈곤을 벗어나는 계기가 된답니다.
이처럼 지구촌 문제 해결에 더욱 적극적인 역할을 할 수 있는 직업을 갖는다면 참 보람될 거예요.
JOB
지금까지 우리는 '우리는 세계시민' 시리즈를 통해 지구촌 이웃 모두가 똑같은 권리를 가지고 서로 연결되어 있다는 것,
또 각자의 입장과 상황은 다르지만 서로를 이해하고 도와 더 나은 지구촌을 만들 수 있다는 것을 배웠어요.
이제 우리는 한뼘 더 성숙한 세계시민이 되었다고 생각해요. 여러분 생각도 그렇죠?

자료: http://www.koica.go.kr/

1. 지구촌 어려운 이웃을 돕는 직업에는 어떤 것이 있는지 만화에서 찾아서 적어보자.

____

____

____

오늘 우리는 세계시민으로서 지구촌 문제를 해결하기 위한
MDGs에 대해 알아보려고 해요.
MDGs는 2000년 9월 UN 총회에서 의논한 문제로
MDGs
(새천년개발목표)
Millenium Deveolpment Goals
참여국들은 지구촌의 빈곤, 분쟁, 질병 등의 해결을 위한
8가지 목표를 세우고
UN
191개국 참여
2015년까지 MDGs를 함께 달성하기로 약속했어요.
그 8가지 목표는 다음과 같아요.
1 절대빈곤 및 기아퇴치
1일 소득 1달러 미만 인구 절반으로 줄이기
2 보편적 초등교육의 달성
모든 아동에게 초등교육 혜택 주기
3 양성평등과 여성능력의 고양
모든 교육 수준에서 남녀차별 없애기
4 유아 사망률 감소
5세 이하 아동 사망률 2/3 줄이기
5 산모 건강의 증진
산모 사망률 2/3 줄이기
6 HIV/AIDS, 말라리아 및 기타 질병 퇴치
말라리아와 AIDS 확산 막기
7 지속가능한 환경 보장
안전한 식수를 공급하고 위생환경 지역 늘리기
8 개발을 위한 국제파트너십 구축
MDGs를 이루기 위한 세계적 협력관계 만들기
그리고 이 목표들을 달성하기 위한 여러 가지 노력이 지구촌 곳곳에서 꾸준히 진행됐어요.
2015
그 결과 수백만 명의 세계시민이 가난에서 벗어날 수 있었고
많은 어린이가 학교에 다니게 되었으며 유아 사망률이 꽤 줄어들었어요.
School

자료: http://www.koica.go.kr/

2. 지구촌 문제 해결을 위한 새천년 개발 목표 8가지는 무엇인가?

____

____

하나의 모자가 한 생명을 살립니다

3. 하나의 모자가 한 생명을 살린다는 포스터가 있다. 모자가 유아 사망률을 줄일 수 있는 근거는 무엇일까?

____

____

학생용 활동자료 2 | 생명을 살리는 모자 뜨기

반 번 이름

1. 대바늘뜨기 코 잡기

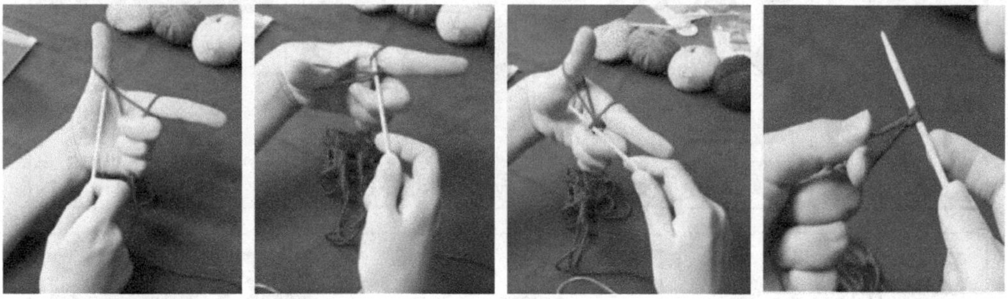

2. 생명을 살리는 모자 뜨기 방법

가. 쉬운 모자 뜨기

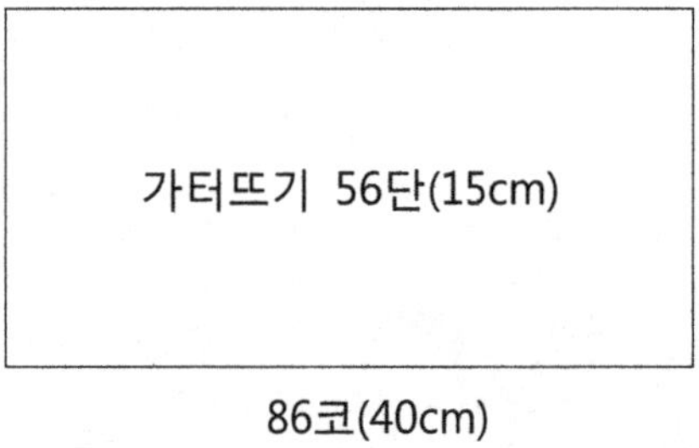
가터뜨기 56단(15cm)
86코(40cm)

◦ 코 86개(40cm)를 만든다.
◦ 앞면과 뒷면을 모두 겉뜨기만 떠서 가터뜨기 56단(16cm)을 뜬다.(물결모양 28개)
◦ 마지막 단은 오른쪽 코를 왼쪽 코에 엎어 뜨는 엎어뜨기로 코를 마무리한다.
◦ 모자 편을 반으로 접어 모자의 양 옆선을 감침질하듯 연결하여 꿰맨다.

나. 일반 모자 뜨기

◦ 코 86개(40cm)를 만든다.
◦ 앞면과 뒷면을 모두 겉뜨기만 떠서 가터뜨기 12단(물결 모양 6개)을 뜬다.
◦ 메리야스뜨기를 20단 뜬다.
◦ 86코를 6등분 하여 겉뜨기를 할 때 한 단에 6코씩 줄인다.

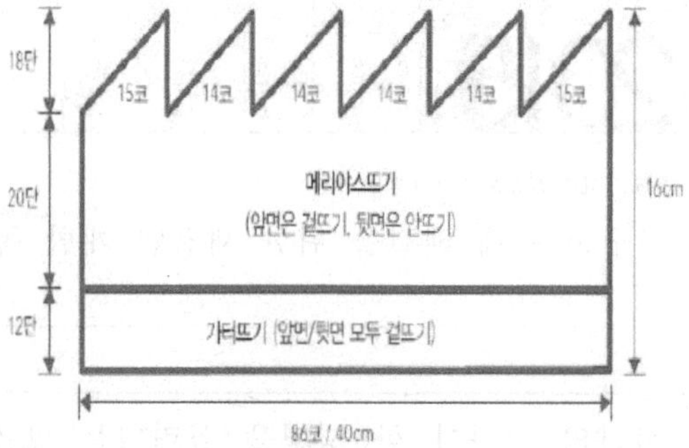
18단
15코
14코
14코
14코
14코
15코
20단
메리야스뜨기
(앞면은 겉뜨기, 뒷면은 안뜨기)
16cm
12단
가터뜨기 (앞면/뒷면 모두 겉뜨기)
86코 / 40cm

◦ 코 줄임이 끝나면 남은 32코를 두 코씩 함께 뜨기를 해서 16코로 만든다.
◦ 남은 16코를 돗바늘을 이용해서 바늘에 실을 꿰어 통과시켜 잡아당긴 후 묶는다.
◦ 모자의 양 옆선을 돗바늘로 감침질하듯 연결하여 완성한다.

3. 수업 평가

	항목	상	중	하
자기 평가	· 재료의 낭비가 없었는가?			
	· 정성을 다해서 모자(담요)를 완성했는가?			
	· 찬물에 중성세제로 빨았는가?			
	· 생명을 살리는 모자를 전달하여 나눔을 실천하였는가?			
	· 생명을 소중함을 배우고 실천했는가?			
	· 지구촌 가족을 보호하는 일에 대해 관심을 가지게 되었는가?			
이 활동을 통해 배우고 느낀 점				

주제 6 : 두런두런 함께 사는 행복 마을 만들기

□ 교수 · 학습 체계

수업 흐름	주요 학습 및 활동 내용	수업 및 활동 형태	시간
도입	- 브라질 빈민가의 도시 재생사업 소개 - 수업 목표 및 내용 제시 * 〈동영상 자료〉 활용	동영상 시청, 교사 제시	10분
⬇			
교과 내용 공부	- 우리나라의 도시 재생사업 사례 소개 - 도시 재생 프로젝트 행복 마을의 명암 토의 * 〈신문기사〉 활용 * 〈사진 자료, 동영상〉 활용	강의 및 질의응답	15분
⬇			
두런두런 함께 사는 행복 마을 모형 제작	- 행복 마을 마스터플랜 작성 - 3차원 모형으로 만들어 보는 '두런두런 함께 사는 행복 마을' 모형 제작 * 〈우드락, 분필, 마커 펜, 나무 블록 등〉 활용 * 〈학생용 활동자료 1〉 활용	모둠별 토의, 모형 제작 활동	110분
⬇			
관련 직업(군) 탐색	- '두런두런 함께 사는 행복 마을' 제작 및 유지에 필요한 직업(군) 탐색 - '두런두런 함께 사는 행복 마을' 유지 계획 수립 * 〈전지, 붙임 쪽지〉 활용	모둠 활동	20분
⬇			
직업적 활동 요소 토의	- 사람들이 떠나는 마을 되살리기에 필요한 것 토의	모둠별 토의	10분
⬇			
정리	- 활동 후 자기 평가와 느낌 발표 - 수업 및 활동 내용 정리 * 〈학생용 활동자료 2〉 활용	모둠 내 개인 발표, 교사 주도	15분

□ 교수 · 학습 목표

○ 교과 목표

- 주거의 기능과 형태를 이해할 수 있다.
- 다양한 생활양식에 따른 주생활을 고려하여 이웃과 더불어 살아가는 주생활 문화를 실천할 수 있다.

○ 진로역량 목표

- M I 1.1 자아 존중감을 갖고 스스로를 돌보는 능력을 함양한다.
- 다양한 생활 양식에 따른 주생활을 고려하여 건축가에 대한 직업 정보를 수집할 수 있다.
- 건축을 설계하고 의뢰하는 과정을 통해 자기 이해 능력, 대인 관계 능력, 자원 관리 능력을 기를 수 있다.

□ 관련 직업(군)

○ (1429) 기타 건설 관련 기능 종사원

건축설계기술자는 상업용, 공공시설 및 주거용 빌딩의 건설 및 수리를 위한 설계를 개념화하고 계획한다. 빌딩정보모델링(BIM: Building Information Modeling) 전문가는 각종 건축물 및 관련 설비의 정보를 BIM 기술을 이용하여 3차원 모델링 작업을 수행하고, 시뮬레이션을 통해 설계 및 시공, 유지 관리의 최적화에 필요한 정보를 분석·제공한다.

○ 건설코디네이터

보통 상품개발팀에 소속되어 있는 건설코디네이터는 프로젝트 선정부터 입주 때까지 모든 진행에 관여한다. 그 시작은 건설사에서 프로젝트를 수주할 때 법적, 기술적, 계획적(상품 기획적) 측면에서 사업성을 전반적으로 평가하는 것이다. 또 적절한 공사 도급가 및 분양가를 산출할 수 있도록 다양한 정보를 제공한다. 프로젝트가 선정되면 참여한 전문가들의 의견을 조율하는 프로젝트 매니저의 역할을 한다. 이를 위해 주택 시장 분석을 통한 상품 방향 설정의 적정성, 각종 인허가 절차 및 기간의 적정성, 디자인의 시공 반영 등 다방면의 정보를 사업 부서와 의사 결정을 하는 경영자에게 제공한다. 분양 시에는 홍보를 비롯한 여러 가지 작업이 원활히 진행되도록 관련 부서를 조율한다. 분양이 마무리되면 주기적으로 현장을 방문하거나 설계 회의에도 참석한다. 건물이 지어지는 동안에는 필요에 따라 설계를 수정하거나 필요한 건설 기자재에 대한 정보를 본사에 전달하는 등 현장과 본사 간의 연결 고리 역할을 한다.

□ 준비물

○ 교사: 견본, 컴퓨터, 빔 프로젝터, 스마트 기기, 컬러 프린터, 전지(모둠별 1장), 마커 펜, 컬러 우드락, 폼보드, 실크 시침핀, 커터 칼, 색분필, 색상지, 퍼니콘, 수수깡, 백업(스티로폼 막대), 마스킹테이프 , 종이 스터핑, 컬러 이쑤시개 등

○ 학생: 필기도구, 스카치테이프, 가위, 펜, 독특한 개별 준비 재료(예: 다양한 무늬의 냅킨이나 색종이, 옷감, 투명 필름 등)

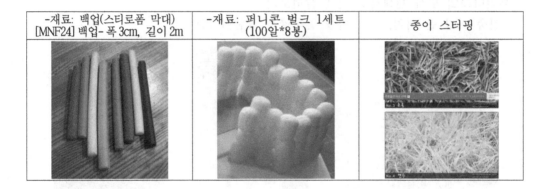

-재료: 백업(스티로폼 막대) [MNF24] 백업-폭 3cm, 길이 2m	-재료: 퍼니콘 벌크 1세트 (100알*8봉)	종이 스터핑
	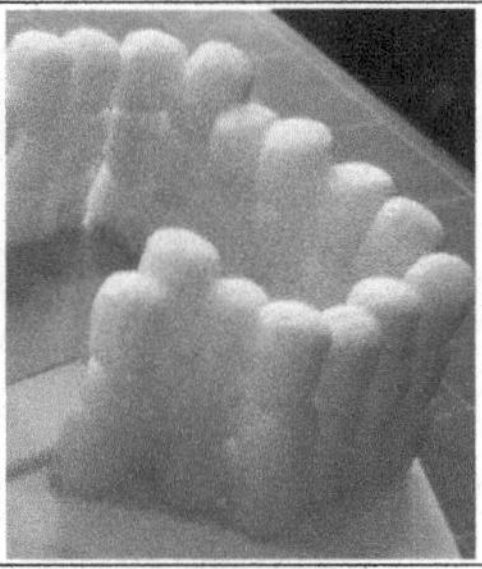	

> Tip: 백업 스티로폼 등 수업 재료들은 학생들이 개별적으로 구입하기 쉽지 않으므로 독특한 개별 준비물을 제외하고는 학교에서 단체로 구입하여 수업을 운영하는 것이 효율적이다.

□ 교수 · 학습 내용

도입(10분)

1. 브라질 빈민가의 도시 재생사업, 아트 프로젝트 살펴보기(5분)
   - 관련 영상 자료를 시청한 후, 브라질의 빈민가가 지속적으로 변화하게 된 비결에 대하여 토의한다.

☞ 동영상 '브라질 빈민가의 도시 재생사업, 아트 프로젝트' (7분 7초, 2014. 6.)

자료: http://blog.naver.com/bewoo05?Redirect=Log&logNo=220022413616&jumpingVid=444F944FD8DB7AEE709418D00D22679809A4

2. 수업 목표 및 내용 제시하기

전개(155분)

1. 우리나라의 도시 재생사업 사례 살펴보기

- 건축 거장 손 거쳐, 감천 마을 골목골목 작품이 되다

독락의 탑

별 계단 집

공공의 방

[사진 자료 소개]

부산 사하구는 감천 문화 마을에 세계적인 건축가 승효상, 조성룡, 김인철, 프란시스코 사닌이 설계하고 건축한 집을 공개한다고 26일 밝혔다. 이번 작업은 2013년 사하구와 건축가들이 감천 문화 마을의 빈집을 꾸며 명소로 만들자는 취지로 손을 잡으면서 시작되었다. 개관을 나흘 앞둔 이날 건축 거장이 꾸민 4인 4색의 공간을 둘러보았다. 승효상 건축가가 설계한 '동네길, 동네계단, 동네마당 그리고 독락의 탑'은 목탑이 우뚝 솟은 모습이다.

자료: 국제신문. 2015. 10. 26.

2. 순천시 마을 재생활동가 양성 과정 알아보기

- 뉴스 기사 「'시민의 꿈을 말하다'…순천시 마을재생활동가 양성 과정 개강」

전남 순천시는 지난 23일 도시재생지원센터에서 마을재생활동가 양성 교육 과정인 '시민의 꿈을 말하다' 개강식을 열었다고 27일 밝혔다. 이 과정은 본격적인 도시 재생 선도 지역 사업 추진을 위해 도시재생대학원 교육에 이어 주민들이 참여하는 실질적인

마을활동가 양성을 목표로 한다. 분야별 전문가를 코디네이터로 전담 배치해 전문가와 주민이 함께하는 공동체를 형성하는 과정으로 진행된다. 시는 교육 수료 후에는 주민협의체 구성 등을 통해 향후 도시재생사업에 지속적으로 참여시킬 계획이다. 자료: 일요신문. 2015. 10. 27.

- 신문 기사와 같이 빈집이 늘고 있는 산동네를 마을 재생 사업으로 되살리는 이유가 무엇인지 토의한다.

4. 도시 재생 프로젝트, 행복 마을의 명암 토의하기
- 관련 영상 자료를 시청한 후, 행복 마을의 명암이 의미하는 바를 토의한다.

☞ 도시 재생 프로젝트, 행복 마을의 명암(1분 59초, 2014. 11.)

도시재생 프로젝트
도시재생 사업, 행복마을 활발

도시재생 프로젝트
한내 마을
부산시 5년째 시행... 247억 투입 40곳 지정

자료: http://serviceapi.nmv.naver.com/flash/convertIframeTag.nhn?vid=01EAE642398EEF61D9B8EAEEFB71A5BD30BF&outKey=V126289ba0dfef69ae8e50a37874ba8ee9ce52db1d8aff6f327350a37874ba8ee9ce5&width=720&height=438

[영상 자료 소개] 부산광역시의 '행복 마을 만들기' 사업은 재개발·재건축이 용이하지 않은 도시 틈새 지역을 대상으로 지역 공동체를 복원하여 물리적·사회적 재생을 꾀하려는 도시 재생 사업입니다. 행복 마을로 지정되면 3년 동안 평균 2~3억 원에서 최대 10억 원을 지원받게 됩니다. 광역시 단위에서는 부산에서 처음으로 시도되는 것으로 2010년부터 247억 원을 들여 현재까지 40개 곳이 만들어졌습니다. 자기를 구워 판매하거나 커피나 음식류를 만들어 파는 마을에서부터 공연 수익을 올리는 마을까지 사업의 결실을 맺은 마을도 많습니다. 하지만 지역에 따라서는 '행복 마을 사업'의 일환으로 건립된 도시 재생 거점 시설물이 사용되지 않거나, 건립 후 다른 용도로 전용되는 등 문제점이 발생하기도 합니다. 또 시에서는 한시적 지원을 끝으로 제대로 된 대책 없이 관련 시설과 업무를 각 구·군으로 이관하고 있기 때문에 사업 자체가 흐지부지되는 사례도 있습니다. 자료: HCN뉴스와이드. 2014. 11. 20.

5. '두런두런 함께 사는 행복 마을' 마스터플랜 작성하기
- 건축이 위치한 주변 환경적인 것과 건축과의 관계(시각, 환경)와 인간과의 관계를 고려하여 마을에 필요한 시설들을 토지의 중요도와 마을의 필요를 기초로 토지 이용 계획을 세우는 마스터플랜을 이해할 수 있다.

- 사람과 자연이 어우러져 마을 사람들이 함께 사는 행복 마을 마스터플랜을 제안할 수 있다.
- 우리 마을의 범위를 결정한다.
- 브레인스토밍하기: 우리 마을의 자연환경과 사회 문화적 특징, 펜션이 갖추어야 할 조건, 우리 마을에 어울리는 펜션에 대하여 모둠별로 토의한다.
- 마을 명칭을 결정한다.

  ☞ '학생용 활동자료 1' (붙임): '두런두런 함께 사는 행복 마을' 마스터플랜

☞ 관련 사진 자료: 3차원적으로 만든 마을 디자인

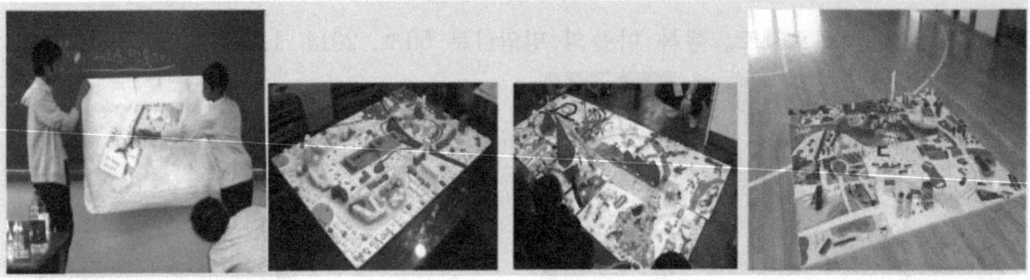

자료: K12 건축교육. 2014. 5. 5.

Tip 1: 모둠별 토의가 순서대로 교사의 주도하에 이루어지도록 한다. 토의 주제를 하나씩 제시하고 주제별로 적당한 시간을 정하여 안내한다. 어느 한 의견이 옳고 다른 것은 틀리거나 기각되지 않도록 붙임쪽지를 활용하여 개개인의 의견들을 기록하고 모아 붙여 가도록 한다.
2: 구글(Google)의 위성 지도를 활용하여 우리나라 어느 지역의 마을을 우리 마을의 범위로 지정하여도 좋다.
3: 학생들이 서로 토의하여 주요 마을 디자인의 중점 이슈를 정하고, 협력·분담하여 3차원적으로 마을을 구성하도록 함으로써 학생들 사이의 친밀감을 증진시키며, 의사소통이 원활하게 이루어지도록 한다.

☞ 관련 사진 자료: 구글 지도(Google Earth)에서 살펴본 충북 주거 지역 사진

충북의 아파트, 단독 주택 단지

충북의 녹지와 전원 주택 단지

6. '두런두런 함께 사는 행복 마을'의 3차원 모형 제작하기

- 우드락에 분필로 마을의 지리적 형태를 표현한다.

나무 블록에 집 그림을 붙여 배치해 본 사례(경기 매원중학교 3학년 학생들의 모둠별 활동 결과)

- 우드락에 분필로 마을의 구성 요소를 배치안을 그린다.
- 마을의 구성 요소와 집 모형을 만들어 고정한다.
- 각종 재료를 이용하여 마무리한다.
- 마을 이름을 표시한다.
- 마을의 특징과 구성, 집의 특징과 구성에 대해 기록한다.
- 팀원들이 분담하여 발표한다.

다양한 재료로 집과 마을을 구성한 사례(충북 연풍중학교 1학년 학생들의 협동 작품)

7. '두런두런 함께 사는 행복 마을'을 만들고 유지하기 위해 필요한 직업에 대해 생각 나누기

- 모둠별 또는 분단별 브레인스토밍 대결!
- 브레인스토밍 결과를 분석하여 발표한다.

8. '두런두런 함께 사는 행복 마을' 유지 계획 세우기

- 모둠별로 토의 및 계획을 세운다.
- 모둠별로 활동 결과를 정리한다.

9. 사람들이 떠나는 마을을 되살리기 위해 필요한 것에 대해 토의하기

- 사람들이 떠나고 축소되어 가던 마을에 대하여 소개하고, 이러한 마을을 살리고 그곳의 주민들이 행복한 직업을 가지고 함께 살아가기 위해 가장 필요한 것이 무엇인지를 토의한다.

정리(15분)

1. '두런두런 함께 사는 행복 마을 만들기' 활동 후 자기 평가와 느낌 나누기
   - '학생용 활동자료 2' 를 활용하여 자기 평가를 실시한다.
   - 이 활동을 통해 배우고 느낀 점을 서술한 후 연계하여, 편안하고 자유로운 분위기 속에서 이야기하도록 한다.
     ☞ '학생용 활동자료 2' (붙임) : 두런두런 함께 사는 행복 마을 만들기

2. 수업 및 활동 내용 정리하기
   - 수업 및 활동 내용을 정리한다.
   - (교사) 종합 평가를 실시한다.

□ 학생 평가

○ 평가 방식

- '두런두런 함께 사는 행복 마을 만들기' 활동의 전 과정에 대해 학생의 자기 평가와 교사의 관찰 평가를 함께 실시한다.
- '두런두런 함께 사는 행복 마을 만들기' 활동과 수업에서 배우고 느낀 점의 서술과 발표를 통해 자기 이해 능력, 대인 관계 능력, 자원 관리 능력을 평가한다.
- 마스터플랜을 구상하고 3차원 입체 모형을 제작하는 활동 과정에서 교수자와 학습자(교사와 학생, 학생과 학생, 학생과 가족 등) 사이의 일대일 의사소통이 필요하다. 이를 통해 의사소통과 대인 관계 능력을 증진시킬 수 있다.

○ 평가 기준

주요 역량	도달 기준
자기 이해 능력	- 이웃의 소중함을 배우고 실천하였다. - 재능 나눔의 실천을 통해 자아 존중감이 높아졌다. - 자신과 타인을 돌보는 마음가짐을 가졌다.
대인 관계 능력	- '두런두런 함께 사는 행복 마을 만들기' 활동을 하면서 친구, 가족과 의사소통을 잘 하였다. - 친구와 협력하여 '두런두런 함께 사는 행복 마을 만들기' 활동을 수행하면서 친밀감이 높아졌다. - 상황별로 상대방을 존중하며 대인 관계를 맺었다.
자원 관리 능력	- 재료를 낭비 없이 잘 활용하였다. - 재료들의 특성을 살려 필요한 모형을 만들었다. - 재료의 특성에 따라 재단과 결합, 관리를 잘 하였다.

□ 안전 · 유의 사항

○ 칼을 사용할 때에는 자신이나 다른 사람의 손이 베이지 않도록 조심한다.

○ 가위를 사용할 때에는 손을 베지 않도록 주의하고, 부주의로 다른 물건을 자르지 않도록 주변의 물건을 잘 정리한다.

○ 시침핀을 사용할 때에는 손을 찔리지 않도록 유의하고, 바닥에 떨어뜨리지 않도록 한다.

○ 접착제를 사용할 때에는 환기에 유의한다.

○ 마커 펜은 사용 후 뚜껑을 꼭 닫아 눕혀 보관한다.

○ 수수깡과 백업(스티로폼 막대), 우드락 등은 커터 칼로 자를 때 힘을 적절하게 사용하여 천천히 여러 번 반복하여 조금씩 잘라 칼이 무디어지면서 손이 베이지 않도록 유의한다.

○ 퍼니콘은 물을 조금 묻히면 물에 닿은 부분이 녹아 서로 달라붙게 되므로 적정한 양의 물을 사용한다. 젖은 손으로 물을 많이 묻히게 되면 납작하게 줄어들게 되므로 약간의 물과 이쑤시개를 사용하여 쌓거나 연결해서 모양을 내도록 한다.

○ 종이 스터핑, 퍼니콘, 백업 등의 재료는 주변을 지저분하게 만들 수 있으므로 정리하며 사용하도록 지도한다.

학생용 활동자료 1 | '두런두런 함께 사는 행복 마을' 마스터플랜

학년 반 번 이름

마스터플랜이란 건축이 위치한 주변 환경적인 것과 건축과의 관계(시각, 환경), 그리고 인간과의 관계를 고려하여 마을에 필요한 시설들을 토지의 중요도와 마을의 필요를 기초로 토지 이용 계획을 세우는 일을 말한다. 사람과 자연이 어우러져 마을 사람들이 함께 사는 행복 마을 마스터플랜을 제안해 보자.

1. 우드락에 우리 마을의 범위 정하기

방법1] 우드락 4장을 이어 붙인 후 강과 산, 들판이 어우러진 지형을 분필로 그리고, 4개의 구역을 4개의 모둠이 분할하여 마을을 구상한다.

방법2] 우드락 1장에 모둠별로 강 또는 개울, 들판이나 산이 어우러진 지형을 분필로 그리고 마을을 구상하도록 한다.

2. 브레인스토밍하기:

1) 브레인스토밍을 통해 다음 1, 2, 3, 4의 각 질문에 대해 다양한 의견을 제시하면서 이야기를 나눈다.

2) 의견을 종합하여 하나의 공통되거나 일관된 주제로 우리 마을 마스터플랜을 만들도록 한다.

질문 1) 우리 마을의 자연환경과 사회 문화적 특징을 무엇으로 할 것인가?

질문 2) 우리 마을이 갖추어야 할 조건을 나열해 보자.

질문 3) 우리 마을에 필요한 시설을 나열해 보자.

질문 4) 우리 마을에 필요한 시설별 중요도와 필요 순서를 정해 보자.

학생용 활동자료 2 '두런두런 함께 사는 행복 마을' 만들기

학년　　반　　번　　이름

	항목	상	중	하
자기 평가	· 재료를 낭비가 없었는가?			
	· 정성을 다해서 모형을 완성하였는가?			
	· 마스터플랜에 좋은 아이디어를 제시하였는가?			
	· 의견 조율에 참여하여 배려와 나눔을 실천하였는가?			
	· 기존 주거지의 소중함을 배우고 실천하였는가?			
	· 삶의 흔적이 담겨져 있는 주거지와 주거 환경을 보호하는 일에 대해 관심을 가지게 되었는가?			
이 활동을 통해 배우고 느낀 점				

□ 참고 문헌

[주제 1]

- 한복선(2012). 우리 몸엔 죽이 좋다, 리스컴.
- 성윤서(2013). 초간단 죽 한 그릇, 싸이프레스.
- 최신애(2011). 4천만이 좋아하는 오늘의 밥 & 죽, 중앙북스.
- 배은자 · 천덕상 · 김아현 · 안옹자(2015). 한식조리기능사 실기, 시대고시기획.
- 한국직업정보시스템 홈페이지, http://www.work.go.kr/.

[주제 2]

- 이혜영(2012). 4천만이 좋아하는 오늘의 면 요리, 중앙북스.
- 중앙 M&B 편집부(2012). 국수와 면 요리, 중앙 M&B.
- 최혜숙(2015). 매일 파스타, 버튼 북스.
- 이케가미 슌이치(2015). 파스타로 맛보는 후룩후룩 이탈리아 역사, 돌베게.
- 파올로 데 마리아(2008). 파스타 에 바스타, 비앤씨월드.
- 오카다 데쓰(2006). 국수와 빵의 문화사, 뿌리와이파리.
- 크리스토프 나이트하르트(2007). 누들, 시공사.
- 이욱정(PD)(2009). 누들로드(3천년을 살아남은 기묘한 음식 국수의 길을 가다), 예담.
- 한국직업정보시스템 홈페이지, http://www.work.go.kr/.

[주제 3]

- 송화순 외(2012). 텍스타일, 교문사.
- 사라 카돌프(2009). 텍스타일, 시그마프레스.
- 레나 코윈 저, 조진경 역(2015). 손으로 만드는 즐거움, 한빛라이프.
- 한국직업정보시스템 홈페이지, http://www.work.go.kr/.

[주제 4]

- 정현아(2015). 아델의 색깔 있는 양말 인형, 팜파스.
- 박수인(2014). 신는 양말로 노는 인형 만들기, 혜지원.
- 이시카와 마리코 저, 박재영 역(2014). 장갑 & 양말 인형 만들기, 경향 BP.
- 모모컨추리 저(2015). 모모컨추리 양말 인형. 터닝포인트.
- 유만찬 · 김진경(2013). 갖고 싶은 세계의 인형, 바다출판사.
- 최경원. http://navercast.naver.com/contents.nhn?rid=59&contents_id=1767

[주제 5]

- 외교부 국제기구 홈페이지, http://unrecruit.mofa.go.kr/data/rela_link.jsp
- 세이브더칠드런 홈페이지, https://www.sc.or.kr/moja/
- 한국국제협력단 홈페이지, http://www.koica.go.kr/
- 유니세프에서 일하는 사람들 홈페이지, http://blog.naver.com/unicefgarden?Redirect=Log&logNo=220069374460

[주제 6]

- 오마이뉴스 특별 취재팀(2013). 마을의 귀환, 오마이북.
- ㈜주택문화사 편집부(2015). 멀티 패밀리 하우스, 주택문화사.
- 다이애나 리프 크리스티안(2015). 커뮤니티, 함께 사는 길, 하자마.
- 최정신(2015). 스웨덴 사람들의 라이프스타일, 굿모론 예테보리, 어문학사.
- 이레이 사토시(2015). 작은 집 레시피 70, 학산문화사.
- 행복이가득한집 편집부(2014). 내 작은 집 디자인하기, 디자인하우스.

만든 사람들

* 표시는 책임연구원임

(기획)
오승걸(교육부 학교정책관)
예혜란(교육부 공교육진흥과)
신소영(교육부 공교육진흥과)
김현아(교육부 공교육진흥과)

(연구진)
김수원(한국직업능력개발원)*
김승보(한국직업능력개발원)
최민지(한국직업능력개발원)

(집필진)
박미정(매현중학교)
배현영(산남고등학교)

(검토진)
김성교(계림중학교)

가정과 자유학기 진로탐색 연계 교과 수업 자료집

초판 인쇄 2017년 03월 24일
초판 발행 2017년 03월 29일
저 자 교육부 · 한국직업능력개발원
발행인 김갑용
발행처 진한엠앤비
주소 서울시 서대문구 독립문로 14길 66 205호
(냉천동 260, 동부센트레빌아파트상가동)
전화 02) 364 - 8491(대) / 팩스 02) 319 - 3537
홈페이지주소 http://www.jinhanbook.co.kr
등록번호 제25100-2016-000019호 (등록일자 : 1993년 05월 25일)

ISBN 979-11-290-0013-2 (93370) [정가 10,000원]